江苏高校优势学科建设工程资助项目(PAPD)
江苏省"青蓝工程"项目
南京财经大学"青年学者支持计划"项目

住户部门卫星账户构建的理论与方法研究

韩 中 ◎著

ZHUHUBUMEN WEIXINGZHANGHU GOUJIAN DE LILUN YU FANGFA YANJIU

中国社会科学出版社

图书在版编目（CIP）数据

住户部门卫星账户构建的理论与方法研究/韩中著. —北京：中国社会科学出版社，2015.9
ISBN 978-7-5161-6889-9

Ⅰ.①住… Ⅱ.①韩… Ⅲ.①中国经济—国民经济核算—研究 Ⅳ.①F222.33

中国版本图书馆 CIP 数据核字（2015）第 213758 号

出 版 人	赵剑英
责任编辑	王　曦
责任校对	周晓东
责任印制	戴　宽
出　　版	中国社会科学出版社
社　　址	北京鼓楼西大街甲 158 号
邮　　编	100720
网　　址	http：//www.csspw.cn
发 行 部	010-84083685
门 市 部	010-84029450
经　　销	新华书店及其他书店
印　　装	北京君升印刷有限公司
版　　次	2015 年 9 月第 1 版
印　　次	2015 年 9 月第 1 次印刷
开　　本	710×1000　1/16
印　　张	10
插　　页	2
字　　数	189 千字
定　　价	39.00 元

凡购买中国社会科学出版社图书，如有质量问题请与本社营销中心联系调换
电话：010-84083683
版权所有　侵权必究

目 录

第一章 导论 … 1
- 第一节 住户卫星账户构建的背景及意义 … 4
- 第二节 国内外研究动态和文献综述 … 10
- 第三节 研究框架与内容 … 20

第二章 住户卫星账户构建的基本范畴 … 23
- 第一节 住户生产核算主体的界定 … 23
- 第二节 住户生产核算范围的界定 … 27
- 第三节 住户生产活动外其他经济活动的界定 … 36
- 第四节 住户生产核算的核算原则 … 44

第三章 住户生产核算方法的设计 … 49
- 第一节 住户生产增加值的核算方法 … 49
- 第二节 住户非 SNA 生产不同投入的核算方法 … 53
- 第三节 住户生产核算账户的设计 … 68
- 第四节 住户生产核算矩阵的设计 … 71

第四章 住户非 SNA 生产差异及其影响因素 … 83
- 第一节 我国的经验分析——基于 CTUS 微观数据 … 85
- 第二节 国外的经验分析——基于 ATUS 微观数据 … 97

第五章 住户部门循环账户的构建 … 109
- 第一节 住户部门循环账户经济交易项目的界定 … 109

第二节　住户部门循环账户的构建 …………………………… 114

第六章　住户部门卫星账户的构建 …………………………………… 122

　　第一节　住户部门卫星账户构建的理论依据 ………………… 122
　　第二节　住户部门卫星账户经济交易项目的形成 …………… 124
　　第三节　住户部门卫星账户范式的设计 ……………………… 128
　　第四节　住户部门卫星账户范式的检验 ……………………… 132

参考文献 ……………………………………………………………… 143

第一章 导论

国民经济核算体系（System of National Accounts，SNA）是当今世界上绝大多数国家实行的核算制度，它由一套逻辑严密、协调一致而完整的宏观经济账户、资产负债表和表式组成。在此框架下，国民经济核算通过一套标准的概念、定义、分类和核算原则，从而使经济数据可以按照经济分析、决策和政策制定的要求，以一定的程式编制和表述，从不同层面上客观、全面地反映一国或地区经济发展的全貌。该核算体系是由联合国、世界银行、国际货币基金组织、经济合作与发展组织、欧洲共同体委员会等联合编写的，随着国民经济核算理论的日益发展和国民经济日新月异的发展变化，其发展迄今已经历了 1953 年、1968 年、1993 年和 2008 年四个不同的阶段，即 SNA1953、SNA1968、SNA1993 和 SNA2008。SNA1993 反映了 1968 年版 SNA 之后世界各国在国民经济核算理论研究和实践中取得的最新成果，具有很高的权威性和指导价值。作为国民经济核算发展的新阶段，SNA1993 不仅继承了以往体系中业已证实的理论与方法，同时又根据经济社会发展的新形势，提出了国民经济核算新的研究方向和思路，丰富了以往的国民经济核算体系，并使之更加简化、易于操作，使之能够与其他国际统计标准协调一致。但是，与以往的国民经济核算体系一样，SNA1993 仍是一定社会历史条件下的产物，而事物时时刻刻都处于变化之中，随着世界各国经济社会发展的深入、经济全球化的不断加剧，SNA1993 面临着许多亟待解决的问题，为了能够满足各国在新的经济形势下进行国民经济核算的需要，联合国统计委员会专门组织相关专家对 SNA1993 中的相关问题进行讨论并修订，历经几年的时间，于 2008 年向统计委员会递交了 SNA1993 修订稿的终稿，此处笔者称之为 SNA2008。可见，SNA2008 是在新的经济社会发展形势下对 SNA1993 所做的一次比较全面的修订和完善，代表了国际上国民经济核算体系的最新成果，其理论和方法体系更加完善、更加丰富、更加体现新形势下国民经济核算的特点。

　　SNA2008作为国民经济核算体系发展里程碑式的成果，以标准的概念、方法和原则来指导各国的国民经济核算实际工作，试图通过一整套结构完整、紧密联系的账户体系，以反映一国或地区在某一核算期内整个国民经济活动的经济流量与存量。一个完整的国民经济活动主要包括生产活动、收入形成与分配活动、收入使用活动、资本形成活动和金融交易活动，为了对不同类型活动的流量进行核算，SNA2008分别设计了生产账户、收入形成账户、收入使用账户、资本形成账户和金融账户予以核算，并考虑到不同类型国民经济活动之间的内在逻辑联系，设计出用于完整描述国民经济生产过程的综合经济账户体系。对于国民经济总体中的不同机构部门，即住户部门、政府部门、金融公司部门、非金融公司部门和为住户服务的非营利机构部门，该体系分别设计了相应部门的生产账户等循环账户及其综合账户体系。通过国民经济总体和机构部门的账户体系，可以分别从宏观层面和微观层面了解国民经济运行的过程和结果。

　　住户部门作为国民经济总体的一部分，与非金融公司部门、金融公司部门、政府部门和为住户服务的非营利机构部门共同构成了整个国民经济总体。在整个国民经济活动过程中，住户部门扮演着双重身份，既作为生产者，从事一定规模的生产活动，同时也作为消费者，消费相当规模的货物和服务。在整个国民经济活动的生产阶段、收入形成和使用阶段、资本投资阶段和金融活动阶段，住户部门均发挥着不可替代的作用，与其他机构部门之间进行着不同类型的经济交易。国民经济核算体系通过构建住户部门某一核算内的生产账户、收入形成账户、收入使用账户、资本形成账户和金融账户来对住户部门在不同国民经济活动阶段的经济流量进行刻画。通过现行国民经济核算体系下的账户体系，可以清晰地了解到住户部门在整个国民经济活动中的所有经济活动。

　　生产活动是整个国民经济活动的起点，从价值形态上看，整个国民经济总体通过生产活动创造了增加值，而增加值是进行收入分配、形成各机构部门可支配收入的基础和前提；从实物形态上看，生产活动生产出各种最终货物和服务，而这些货物和服务是各机构部门进行消费和投资以及出口的对象。可见，生产活动在某种程度上决定了收入分配和使用、资本投资等活动，生产核算是整个国民经济核算的基石，而对于生产活动的核算是基于对生产活动科学界定的基础之上，国民经济生产核算范围的界定是进行生产核算的前提。依据 SNA2008 的相关理论，经济生产是指：在机构单位控制和负责下，利用劳动、资本、货物和服务的投入生产货物和服务的活动。国民经济生产核算的宗旨是为了真实反映整个国民经济总体某一核算期内所有经济生产活动的成果，因此，但凡符合经济生产定义的经济活动都应被纳入到经济生产核算范围内并予以核算，继而通过生产账户的形式予以呈现。换言之，生产核算应采用全面的生产观，无论生产活动的成果是否为市场性生产，都应进行核算。而在现行国民经济核算体系下，生产核算范围并未包含所有生产活动，住户部门为自身最终消费而生产的家庭和个人服务（如住户成员打扫房屋、做饭、照顾老人和小孩等），此类活动从理论上讲完全符合经济生产的定义，从整个生产过程来看，既有投入，也有产出，虽然从形式上来看，此类生产活动是住户成员自产自用的活动，但从本质上看，生产的服务与市场上同类型的服务并无区别，故此部分生产活动理应被纳入到生产核算范围中，但由于数据收集困难、市场化程度较低等因素，现行国民经济核算体系将住户该部分生产活动（住户非 SNA 生产[①]）排除在生产核算范围之外，国内生产总值（GDP）中并未包括住户非 SNA 生产所创造的增加值，而增加值的创造是收入形成的基础，同时住户非 SNA 生产的服务产出是收入使用的对象。由于不同经济活动之间的内在联系，忽视住户部门非 SNA 生产活动的核算，不仅无法准确地反映住户部门核算期内真实的生产活动成果，同时也无法准确地核算出住户部门核算期内获得的可支配收入以及最终消费，可以说现行国民经济核算体系中住户部门的账户体系是不全面的。

考虑到不同国家或地区经济发展水平、市场化程度的差异，不同类型国家的住户部门的非 SNA 生产活动规模存在差异，为了能够保证各国国民经济核算存在"共性"的同时，也能够满足各自"个性"的需要，SNA2008 建议在现行国民经济核算的中心框架下建立相应的附属核算体系，即根据需要，以中心框架为基础对某些概念加以修改建立专题性核算框架，这种附属核算框架就是所谓的卫星账户（satellite accounts），取其以中心框架为中心又与其保持距离之意。在国民经济核算实践中，仅仅依靠中心框架肯定无法满足多种类型的用户需求，灵活运用中心框架可以解

[①] 住户部门核算期内所有生产活动并未完全被纳入到现行中心框架体系的生产核算范围中，对于已经纳入现行生产核算范围的住户生产活动，本书称为住户 SNA 生产；反之，则称为住户非 SNA 生产。

决一部分问题但无法解决问题的全部。通过引入卫星账户，既避免了对中心框架严谨统一性的破坏，同时又扩大了国民经济核算体系的核算功能，这正是国民经济核算体系灵活性的体现。

本书正是考虑到在现行国民经济核算体系下，住户部门的生产活动并未全部被纳入到生产核算范围中去，中心框架下住户部门的账户体系中也未能对住户非 SNA 生产活动及其流量进行准确刻画，从而无法准确核算住户部门生产总值及其福利水平。因此，拟在中心框架基本概念、原理和方法的基础上，将中心框架下生产核算范围加以拓展以全面包括住户部门所有经济生产活动，基于生产活动与收入形成等其他国民经济活动之间的内在联系，试图构建用于全面、完整反映住户部门核算期内所有经济活动全貌的卫星账户，在不影响中心框架现行结构的基础上，全面核算住户部门的所有经济活动以满足不同层面的分析需要。通过构建住户部门的卫星账户，可以直观地反映出住户部门在整个国民经济中的活动，是对现行国民经济核算的补充和完善，同时对于指导各国进行住户生产核算具有一定的理论借鉴意义。导论部分主要阐述了本书的选题背景和意义、国内外关于住户生产核算的研究动态和全文的结构安排。

第一节 住户卫星账户构建的背景及意义

一 研究背景

1. 现行国民经济核算体系中心框架的不全面性与卫星账户的灵活性

现行国民经济核算体系作为指导全世界不同类型国家进行本国国民经济核算的理论和方法依据，提供了一套标准的概念、原则和方法。不同国家根据 SNA2008 中的基本概念、原则和方法，利用国民经济核算体系中心框架下的生产账户、收入形成和使用账户、资本账户和金融账户等账户来对该国核算期内生产活动、收入形成和使用等活动的过程和流量进行核算，用以反映一国经济总体或机构部门整个核算期内所有经济活动的基本情况，为进行国别国民经济核算成果的比较提供了相关的数据和资料。但 SNA2008 并没有依据"全面生产观"指导各国进行国民经济核算，即在某一国家或地区，只要该活动符合经济生产的定义，就应该纳入到国民经济生产核算范围内予以核算并体现在 GDP 中。然而现实中的核算是将住户部门为自身最终消费所生产的家庭和个人服务排除在生产核算范围之外，这在某种程度上降低了 GDP 作为衡量一国或地区核算期内所有生产活动全貌的科学性，同时也不利于不同国家 GDP 的横向和纵向比较。不同国家或地区由于经济发达程度、市场化水平存在差异，住户部门非 SNA 生产的规模及其占整个 GDP 的比例差异较大，若在国民经济核算过程中，忽略对住户部门非 SNA 生产活动进行核算，无疑将无法准确地衡量一国的真实生产水平，也不利于不同国家国内生产总值的国际比较。在不同的经济发展周期，同一国家住户部门非 SNA 生产的规模相去甚远，在经济繁荣时期，住户成员更多的是从事有偿市场工作，而在经济衰退时期，则退出劳动力市场较多地从事非 SNA 生产活动。可见，若将住户非 SNA 生产排除在生产核算范围之外，将无法真实地反映一国在不同时期的产出水平及其发展速度。鉴于生产活动与其他国民经济活动的内在联系，从价值形态上看，生产活动范围的界定决定增加值核算的范围，而增加值又是收入形成和分配的基础；从实物形态上看，生产活动范围的界定决定了最终消费和资本形成的对象。当前国民经济核算体系的中心框架下，生产核算账户并没有反映住户非 SNA 生产的总产出、中间投入及其增加值，相应地，收入形成和使用账户、资本形成账户中也没体现出与住户非 SNA 生产相联系的交易项目。可见，从国民经济核算的功能来看，现行国民经济核算体系中心框架并没有完全真实地刻画出核算期内整个国民经济核算的概况，尤其是住户部门核算期内所有经济活动的全貌，从某种程度上可以说现行国民经济核算体系的中心框架是不全面的。

而卫星账户正是 SNA2008 灵活性的体现，它建议在不破坏现有国民经济核算体系中心框架的原则下，基于中心框架下所采用的标准概念、原则和方法，对国民经济核算中某些局部问题进行专门研究，构建出能够满足不同层面需要、补充完善现有中心框架的卫星账户。本书正是利用卫星账户的这一特点，对住户部门核算期内生产活动、收入形成和使用等活动进行全面核算，不仅包括已经纳入到现有生产核算范围的生产活动进行核算，而且包括住户部门非 SNA 生产活动，通过构建住户部门卫星账户，全面刻画住户部门经济活动的全貌。

2. 住户部门在整个国民经济活动中扮演着重要的角色

从整个国民经济运行过程来看，整个国民经济活动可以分为生产阶段、收入形成和使用阶段、资本形成阶段和金融活动阶段。住户部门作为国民经济活动的重要参与者，在不同的活动阶段都发挥着不可替代的作用：①在生产阶段，住户成员作为生产要素的重要提供者，向住户部门的生产以及其他部门的生产提供劳动力和资本等生产要素，尤其是劳动力生产要素，在当今生产技术水平条件下，是生产过程中所不可缺失的。②在收入形成阶段，住户部门通过收入初次分配阶段和收入再次分配阶段分别形成了该部门的原始收入总额/净额和可支配收入总额/净额，收入初次分配阶段主要体现效率原则，根据要素在生产过程中的参与状况、对生产的贡献程度大小来确定其收入水平的高低，而收入再次分配阶段主要考虑的是社会公平及社会发展，通过各种经常转移适当缩小在初次分配阶段上造成的过大的收入差距。③在收入使用阶段，住户部门利用收入形成阶段所获得的可支配收入来进行最终货物和服务的消费，住户部门消费在整个最终消费中占据了很大部分的比重，采取有效的措施刺激住户部门的消费需求和欲望，能够极大地促进国民经济的发展。④在资本形成阶段，住户部门的资本投资主要集中于住户部门生产所需厂房、机器设备等，这保证了住户部门生产的可持续发展和生产规模的扩大。⑤在金融活动阶段，住户部门通过股票、债券等金融工具向其他机构部门借出或借入资金，不仅满足了其他机构部门生产、投资所需资金，同时也满足了扩大住户部门生产所需资金，提高了闲置资金的利用效率，促进了整个国民经济的可持续发展。可见，住户部门的活动贯穿于整个国民经济活动过程，并发挥了不可替代的作用。

因此，本书以住户部门为研究对象，以整个国民经济活动过程为主线，通过账户、核算表等核算工具来对住户部门在不同国民经济活动阶段的活动及其与其他机构部门之间的经济交易进行描述，以反映住户部门完整的、真实的经济活动全貌。

3. 住户生产核算弥补了 GDP 作为衡量生产总量和进行国际比较重要指标的不足

依据 SNA2008 的定义，GDP 衡量的是一个国家或地区在一定时期内所生产和提供的最终货物和服务的总价值，它反映了一国或地区国民经济的生产规模及综合实力，也是用来进行国际比较的重要指标。GDP 的核算是建立在 SNA2008 生产核算范围的基础上的。理论上讲，既然 GDP 衡量的是一个国家或地区核算期内所生产和提供的最终货物和服务的总价值，那么生产核算范围应该涵盖所有生产活动，既包括市场性生产，也包括非市场性生产。但是在实际核算过程中，住户部门生产中相当部分的非市场性生产（自产自用部分）并没有被纳入到生产核算范围中和体现在GDP中，这部分生产主要是住户及其成员为自身最终消费而生产的家庭和个人服务生产，其生产过程是在住户成员控制和负责下完成的，并伴随着劳动、资本、货物和服务的投入，这完全符合经济生产的定义，理应被纳入到生产核算范围中去，以体现全面的生产观。

考虑到不同国家或地区在经济发展水平、市场化程度等方面存在很大的差异，住户部门无偿服务生产的规模相去甚远，一般来说，经济发展水平越发达、市场化程度越高，其住户成员所花费在无偿服务生产上的时间越少，生产规模越小；反之，经济发展水平越落后、市场化程度越低，其住户所花费在无偿服务生产上的时间就越多，生产规模越大。若将住户部门无偿服务生产排除在生产核算范围之外，其生产成果将不能体现在GDP中，这无疑将会极大地低估一个国家或地区核算期内真实的生产成果，降低了GDP作为国际比较重要指标的权威。中国是发展中国家，其经济发展水平和市场化程度与美国、西欧、日本等发达国家相比仍存在很大差距，相比之下，住户成员花费在无偿服务生产上的时间要明显多于发达国家住户成员在该部分生产上所花费的时间。忽略了住户部门该部分生产，不仅低估了住户部门的生产规模，同时也不能真实地反映一个国家或地区核算期内的生产成果。

4. 住户生产核算可以准确地测度住户部门的经济福利水平

住户部门经济福利水平是对住户及其成员经济状态的一种抽象描述，理论上就是指住户部门所消费的总的货物和服务，住户部门所消费货物和服务越多，住户部门的经济福利水平越高，反之，则越低。从产品实际来源来看，住户部门所消费的总的货物和服务不仅包括通过市场交易所购买的以及政府部门和为住户服务的非营利机构部门的实物社会转移，而且还包括住户部门自产自用的货物和服务。可见，住户部门所消费的总的货物和服务中包含了住户部门为自身最终消费所生产的家庭和个人服务（即住户部门无偿服务生产），若要有效地测度住户部门的经济福利水平，首先须准确地核算出住户部门所消费的总的货物和服务。

在现实生活中，住户部门经济福利水平的测度往往并没有完全包括住户部门消费的所有货物和服务，而是以SNA2008账户体系中所记录的住户部门的消费量为衡量基础，这在很大程度上低估了住户部门的经济福利水平。SNA2008账户体系所记录的经济交易及其流量是建立在其不全面的生产核算范围基础之上，除了住户部门自产自用的货物生产、自有住房者住房服务的自给性生产和雇佣付酬人员生产的家庭和个人服务的自给性生产，住户部门非市场生产中相当部分并没有被纳入到SNA2008的生产范围中去，故SNA2008账户体系中所记录的住户部门的消费总量并未反映出住户部门真实的消费情况，而是极大地低估了住户部门核算期内所消费的所有货物和服务，进而影响了其经济福利水平的准确测度。像中国这样的发展中国家，经济发展水平和市场化程度并不高，住户成员（尤其是女性成员）将更多的时间用于住户无偿服务的生产，虽然这部分生产只发生在住户部门内部，并没有参与到市场交易中去，但它所带来的效用是实实在在的，与通过市场交易所购买的货物和服务在本质上是相同的，都能为住户及其成员带来效用，满足其生产、生活上的需要，提高其经济福利水平。若忽略住户无偿服务生产，将严重低估住户部门的经济福利水平，不利于不同国家或地区住户部门经济福利水平的横向比较。

本书正是立足于上述经济背景，以SNA2008为理论依据，结合中国的具体国情，试图以住户部门为研究总体，参照SNA2008相关理论和方法构建出住户部门循环账户体系，来全面地反映住户部门核算期内整个经济活动的全貌，以补充和完善现行SNA2008体系。

二 研究意义

在整个国民经济活动过程中，住户部门不仅仅扮演消费者的角色，消费货物和服务，同时还扮演生产者的角色，在核算期内从事一定规模的生产活动，住户部门的生产在整个国民经济生产中占据着重要的地位，根据国外相关国家和机构的估算，住户部门的生产规模在整个国民经济生产活动中占有很大的比例。但在现行国民经济核算中心框架体系下，住户部门的生产活动及其成果，尤其是住户部门的非市场性生产并未完全被纳入到现行中心框架生产核算范围中去，除了住户及其成员为自身最终使用所生产的家庭和个人服务的生产部分，其他住户部门非市场性生产都被纳入到生产核算范围中并体现在GDP中。在国民经济核算实践中，生产活动范围的界定是进行其他经济活动核算的前提和基础，生产活动的范围决定了收入的来源以及消费和资本形成的对象。而现行中心框架体系下的生产核算范围并没有涵盖国民经济总体核算期内所有的经济活动，其所构建的经济总体以及住户部门的生产账户等账户体系中并没有反映出住户部门非

SNA 生产的产出及其增加值，以及住户部门在从事非 SNA 生产过程中与其他机构部门之间所发生的经济交易及其流量，这在某种程度上反映了现行中心框架体系在准确反映住户部门核算期内生产水平、收入水平和消费水平、反映核算期内住户部门与其他机构部门之间所发生的经济交易方面存在一定的不足和缺憾。

本书正是基于现行国民经济核算体系的不完善之处，结合住户部门核算期内所从事的所有经济活动，将旨在回答和解决以下问题：①住户部门生产核算是构建住户卫星账户体系的前提和基础，在进行住户部门生产核算之前，需要对其核算主体、核算范围进行界定，并就采用何种核算方法、核算原则进行选择。②住户非 SNA 生产作为住户部门生产活动的重要组成部分，由于其生产自产自用的特点及其与非市场性的特征，应该采用成本法来对其产出及其增加值进行核算，而作为住户非 SNA 生产过程中投入要素，劳动时间价值、中间消耗价值和固定资本消耗价值应该如何进行核算？③住户核算期内在不同国民活动阶段的经济交易及其流量需要通过某一载体进行刻画和描述，而核算账户和核算矩阵是国民经济核算的重要工具和手段，如何设计出卫星账户体系下用于反映住户部门生产活动、收入活动等经济活动的核算账户和核算矩阵？④作为住户非 SNA 生产中重要的投入要素，劳动时间投入在某种程度上反映了住户部门非 SNA 生产的规模，本书将从时间投入的视角，利用住户时间利用调查的相关数据，对不同类型住户非 SNA 生产劳动时间投入的差异进行研究，并利用多元统计分析方法和经济计量模型实证研究住户成员非 SNA 生产劳动时间分配差异的影响机制。⑤住户卫星账户的构建与现行中心框架下住户账户体系并非完全独立的过程，两者之间存在着紧密的联系。住户卫星账户中的经济交易项目正是在现行中心框架下住户账户体系中的相关交易项目演变而来，并在此基础上最终构建出住户卫星账户的范式。

本书的研究将有助于形成能够全面、真实反映住户部门核算期内所有经济活动全貌的卫星账户体系，也有助于政府及相关机构全面了解住户部门在整个国民经济活动中的生产、收入、消费等活动，并据此制定出符合客观实际的各项政策；同时也是对现行 SNA2008 体系的补充和完善，丰富了住户部门生产核算理论。所以，本书的研究具有重要的理论价值和实际意义。

第二节 国内外研究动态和文献综述

住户部门作为国民经济总体的一部分，其生产是整个国民经济生产核算的重要组成部分。住户部门的生产活动与非金融公司部门、金融公司部门、政府部门和为政府服务的非营利机构部门的生产活动共同构成了整个国民经济总体的生产活动，通过对所有机构部门生产活动的核算可以测算出核算期内一个国家或地区的国内生产总值。尤其是住户部门的非 SNA 生产，虽然其在现行的核算体系下并未被纳入到生产核算范围中去，但从经济生产定义来看，住户非 SNA 生产活动完全符合经济生产的内涵，理应被纳入到住户部门生产核算范围中去，特别是对于市场化程度较低、经济发展水平不高的国家或地区，其住户部门非 SNA 生产占整个住户部门生产的比重较大，若不对其进行核算，将无法客观地反映核算期内一个国家或地区住户部门的生产总产出、消费水平及其福利水平。住户部门生产及其卫星账户的构建越来越成为国内外学者研究的重要对象。

一 国外研究历程和现状

国际方面，从 20 世纪 90 年代开始，联合国组织有关专家讨论住户生产、无偿服务的核算问题，加拿大、德国和日本等国也先后开始了这方面的研究，并对本国的无偿劳动价值进行了试算。在学术界，John Devereux、Luis Locay[1] 于 1992 年在《美国经济评论》发表了《专业化、住户生产和经济增长的测度》一文，文章研究了住户的生产概念及其测度方法，分析了住户生产在经济增长中的作用，设计了住户消费模式和住户生产总值测度模型。

Oli Hawrylyshyn (1976)[2] 研究了基于不同方法而测算的住户家庭服务的估计值，结果显示，由于采用的方法不同，所估算的家庭服务的货币价值存在着较大的差异，其中，采用机会成本法所估算的产值最大，其次是综合替代费用法，最低的是分行业替代费用法。他通过对住户成员时间

---

[1] John Devereux, Luis Locay (1992), Specialization, Household Production, and the Measurement of Economic Growth, *American Economic Review*, Vol. 82 (2), pp. 399 – 403.

[2] Oli Hawrylyshyn (1976), The Value of Household Services: A Survey of Empirical Estimates, *Review of Income and Wealth*, Vol. 22 (2), pp. 101 – 31.

使用情况的研究发现,家庭规模、妻子的市场就业状态和最小孩子的年龄对住户家庭服务的生产及其产值具有重要的影响。他指出,家庭服务的生产既包括妻子的生产,同时也包括丈夫和孩子的生产,后者所占整个家庭服务的比重约为1/3;孩子越多,妻子的负担越重,而丈夫所花费在家庭服务生产上的时间几乎是固定不变的,并不受孩子的数目及妻子的工作状态影响。

Martin Murphy(1978)[①] 分别采用机会成本法和市场价格法来对花费在家庭生产的劳动时间进行价值测算,并由此估计出美国1960年和1970年的家庭生产的产值。结果显示,机会成本法测算得出的家庭生产产值比市场价格法测算的家庭生产产值高出1个百分点;尽管在1960年至1970年间,家庭生产产值占国民生产总值的比重略有下降,但从长期来看,这一比重会相对平稳。W. Keith Bryant、Cathleen D. Zick(1985)[②] 研究了住户部门无偿服务产品的价值对住户部门收入分配的影响程度,文章认为住户部门的收入既包括有偿劳动的货币收入和其他非货币收入,也包括住户成员用于住户无偿服务生产所消耗的劳动时间的价值,并通过计算住户部门的基尼系数,得出住户部门无偿服务产品的价值在一定程度上改善了住户部门货币收入分配不均的状态。

Gordon E. Bivens、Carol B. Volker(1986)[③] 探讨了如何采用增加值法来对住户生产成果进行核算,并以做饭为例,利用USDA1977—1978年的住户食品消费调查的数据计算出住户这一无偿服务生产活动的增加值,并得出住户生产的增加值与家庭主妇的就业状态存在着显著的负相关关系。Euston Quah(1986)[④] 则研究了住户生产的定义,生产活动连接点的处理方法以及住户生产价值的测度方法。他定义:住户生产是在市场外住户内所生产的经济服务活动,包括户主通过市场雇佣的第三人所提供的活

[①] Martin Murphy (1978), The Value of Non-market Household Production: Opportunity Cost Versus Market Cost Estimates, *Review of Income and Wealth*, Vol. 24 (3), pp. 243-255.

[②] W. Keith Bryant and Cathleen D. Zick (1985), Income Distribution Implications of Rural Household Production, *American Journal of Agricultural Economics*, Dec. 85, pp. 1100-1104.

[③] Gordon E. Bivens, Carol B. Volker (1986), a Value-Added Approach to Household Production: The Special Case of Meal Preparation, *Journal of Consumer Research*, Vol. 13, pp. 272-279.

[④] Euston Quah (1986), Persistent Problems in Measuring Household Production: Definition, Quantifying Joint Activities and Valuation Issues Are Solvable, *American Journal of Economics and Sociology*, Vol. 45 (2), pp. 235-245.

动,这种活动相对于住户成员而言没有改变其用途。Gordon E. Bivens 等 (1986)① 研究了住户增加值的计算方法,并运用美国 1977—1978 年的数据分析了住户大小、住户收入以及户主年龄对住户生产的影响。

Ann Chadeau (1992)② 则研究了住户非市场产出的定义、测度方法。他在文章中提出利用"第三方原则"来对住户的生产性活动进行界定,并介绍了三种对住户成员劳动时间估价的三种方法及其在美国、德国、加拿大等国的应用成果,得出住户无酬工作的价值占 GDP 的比重不低,住户非市场产出是住户收入、消费和经济福利的重要组成部分的结论。Nancy Folbre、Barnet Wagman (1993)③ 认为相对于男性来讲,女性较多地花费时间进行家庭服务的生产,为总产出作出了重要的贡献。他对美国 1800 年至 1860 年期间女性非市场家务劳动力的规模及其部门分配进行了估算,并据此测算出女性家庭服务生产的总产值。Charles C. Fischer (1994)④ 利用国情调查的数据,研究了住户生产的机会成本、影响因素,构造了住户生产核算的技术。Sue Holloway 等 (2002)⑤ 探讨了如何构建住户卫星账户,他们在文章中对住户无偿服务活动进行分类,并对每种类别活动的中间投入要素和产出及其货币价值的度量进行了详细的介绍,最后给出了住户卫星账户的一般范式。Faye Soupourmas 和 Duncan Ironmonger (2002)⑥ 测算了 1970—2000 年间澳大利亚住户部门的生产总值。结果显示,澳大利亚住户部门 2000 年的生产总值为 471 万亿美元,而澳大利亚整个市场性生产总值为 604 万亿美元,住户部门的生产几乎占到了整个市场性生产的 80%。同时他们发现,相对于市场经济而言,住户的非

---

① Gordon E. Bivens, Carol B. Volker (1986), a Value – Added Approach to Household Production: The Special Case of Meal Preparation, *Journal of Consumer Research*, Vol. 13, pp. 272 – 279.

② Ann Chadeau (1992), What is Households' Non – Market Production Worth? *OECD Economics Studies*, No. 18, Spring.

③ Nancy Folbre and Barnet Wagman (1993), Counting Housework: New Estimates of Real Product in the United States, 1800 – 1860, *Journal of Economic History*, Vol. 53 (2), pp. 275 – 278.

④ Charles C. Fischer (1994), the Valuation of Household Production: Divorce, Wrongful Injury and Death Litigation, *American Journal of Economics and Sociology*, Vol. 53 (2), pp. 187 – 201.

⑤ Sue Holloway, Sarah Tamplin (2002), Household Satellite Account (Experimental) Methodology.

⑥ Faye Soupourmas, Duncan Ironmonger (2002), Calculating Australia's Gross Household Product: Measuring the Economic Value of the Household Economy 1970 – 2000, Department of Economics Research Paper No. 833, The University of Melbourne.

市场生产吸纳了更多的劳动力，住户 2000 年花费在非市场生产上的时间高于花费在市场性生产上的时间的 15%。

Basque Statistics Office (Eustat) (2004)[①] 根据 SNA1993 的相关理论对住户部门生产范围进行了界定，将住户部门生产分为 SNA 生产和非 SNA 生产，并采用成本费用法对该地区住户部门 2003 年的非 SNA 生产进行了测算，并据此构建出反映住户部门生产全貌的住户生产卫星账户。Basque Statistics Office (Eustat) 通过研究发现：住户部门非 SNA 生产在整个国民经济生产中占有很大的比重，2003 年这一比重为 32.8%，1993 年和 1998 年分别为 49.1%、38.5%；按照功能来分，住户非 SNA 生产中提供食物所占比重最大 (46.6%)，其次依次为提供住房 (31.3%)、提供照顾 (14.8)、提供衣物 (8.4%)。尽管近年来，男性参与住户非 SNA 生产的比重略有上升，女性仍然是住户部门非 SNA 生产的主要参与者。

Wilson L. Farman (1953)[②] 从社会核算的角度，研究了住户部门的生产，设计了住户部门的生产账户体系；Martin Murphy (1976)[③] 研究了家庭生产中时间价值的计量问题，并对传统的时间计量模型 $L = U(J_1, J_2, Y) + V_1(J_1W_1 + J_2W_2 - Y) + V_2(24 - J_1 - J_2)$ 进行了更新和完善；Daphne John (1996)[④] 探讨了住户劳动的分配、家务劳动时间的计量以及住户劳动时间数据的采集方法等；Robyn Eversole (2002)[⑤] 则从微观的角度以一个地区的住户为样本，研究了住户的生产、收入和分配问题。

此外，Janet C. Hunt 等 (1979)[⑥] 研究了住户服务的核算技术，构造了一个家庭生产时间支配模型；Reuben Gronau (1980)[⑦] 提出，福利是消

---

① Basque Statistics Office (2004), *Household Production Satellite Account for the Autonomous Community of the Basque Country*, Basque Statistics Office Report.

② Wilson L. Farman (1953), Social Accounting in Subsistence and Family - Production Type Economies, *The Accounting Review*, Vol. 28 (3), pp. 392 – 400.

③ Martin Murphy (1976), The Value of Time Spent in Home Production, *American Journal of Economics and Sociology*, Vol. 35 (2), pp. 191 – 197.

④ Daphne John (1996), The Division of Household Labor, *Annual Review of Sociology*, Vol. 22, pp. 299 – 322.

⑤ Robyn Eversole (2002), Balancing Act: Business and Household in a SmallBolivianCity, *Development in Practice*, Vol. 12 (5), pp. 589 – 601.

⑥ Janet C. Hunt, B. F. Kiker (1979), Valuation of Household Services: Methodology and Estimation, *Journal of Risk and Insurance*, Vol. 46 (4), pp. 697 – 706.

⑦ Reuben Gronau (1980), Home Production—A Forgotten Industry, *The Review of Economics and Statistics*, Vol. 62 (3), pp. 408 – 416.

费和闲暇的函数$\{U = U(X, L)\}$，应把住户生产作为一个产业看待，由此出发，他推导出了住户生产率测度的两个公式；Nancy Folbre、Barnet Wagman（1993）[1] 运用账户对美国住户的生产价值量进行了实证分析，并通过详尽数据计算了家务劳动的单位产出；Atanu Saha、Janice Stroud（1994）[2] 则构造了一个农庄住户收入、储蓄、劳动力结构模型。Ellen R. McGrattan、Richard Rogerson、Randall Wright（1997）[3] 构造了一个动态一般均衡模型，并基于设定的模型对住户的生产价值、闲暇时间利用、住户资本、住户投资等进行了深入的研究。

二　国内研究现状及趋势

相比于国外的研究，国内学者对住户生产的研究开始得比较晚，且研究的重点主要集中于住户部门无偿服务的生产、住户生产核算的基本范畴与方法、非法生产和地下生产、住户成员时间使用现状。

鉴于 SNA2008 对住户生产的定义及其范围的界定，住户无偿服务是指住户成员为自身最终消费而进行的家庭和个人服务的自给性生产，主要包括：对住户所住房屋的清洁、装饰和保养，包括通常由租户和房主进行的小修；家庭耐用品或其他货物，包括住户家用车辆的清洁、保养、修理；膳食的制备与提供；儿童的照顾、培养和管教；病人、体弱者或老人的照顾；运送住户成员或其货物。在多数国家中，相当多的劳动被用于生产这些家庭和个人服务，这些服务的消费对经济福利是有重要贡献的。曾五一（2005）[4] 认为，无偿服务是社会福利的重要组成部分，人类劳动的相当部分被用于无偿服务的生产，将此纳入核算可以更加全面地反映全社会的生产劳动成果和经济福利；无偿服务可以使不同国家和地区或不同时期的生产总量更加具有可比性。据此，他系统研究了无偿服务的定义、特征及分类方法。谷彬（2007）[5] 认为，无偿服务限定于住户成员为自身或

---

[1] Nancy Folbre, Barnet Wagman (1993), Counting Housework: New Estimates of Real Product in the United States, 1800 – 1860, *The Journal of Economic History*, Vol. 53 (2), pp. 275 – 278.

[2] Atanu Saha, Janice Stroud (1994), A Household Model of On - Farm Storage under Price Risk, *American Journal of Agricultural Economics*, Vol. 76 (3), pp. 522 – 534.

[3] Ellen R. Mcgrattan, Richard Rogerson, Randall Wright (1997), An Equilibrium Model of the Business Cycle with Household Production and Fiscal Policy, *International Economic Review*, Vol. 38 (2), pp. 267 – 290.

[4] 曾五一：《无偿服务核算研究》，《统计研究》2005 年第 6 期。

[5] 谷彬：《多视角下无偿服务核算必要性研究》，《统计研究》2007 年第 5 期。

为家庭内其他成员最终消费而提供的没有报酬的服务。它是由机构单位——住户提供的，也经历了生产要素投入和服务产出的过程。因此，无偿服务属于具有经济意义的生产。他主张，将住户的无偿服务纳入生产核算范围，以体现最全面的生产观。罗乐勤（2008）[1]探讨了住户无付酬服务核算的定义和分类，分析了厦门市和浙江省义乌市义亭镇塔头—村住户无付酬服务时间使用调查案例，并提出开展我国住户无付酬服务核算的时间使用调查模式和方法的建议。刘丹丹（2007）[2]对住户无酬工作的含义、分类、估价方法以及住户生产卫星账户在无酬工作核算中的应用等问题进行了系统阐述。同时，作为一种探索和尝试，她在 SNA 中心框架基础上编制了住户生产卫星账户，并探讨了如何将 SNA 指标调整为住户生产卫星账户指标。

　　随着我国经济市场化程度的提高，非法经济和地下经济等未观测经济获得了前所未有的发展，但根据我国国民经济核算的生产范围，该部分的生产并没有被纳入到生产核算的范围中去，而该部分生产是客观存在的，且其产出是具有实际市场需求的货物和服务。若忽略未观测经济的生产，将无法真实地刻画出整个国民经济生产的全貌，导致国民经济账户体系间的不平衡。肖文、李黎（2001）[3]认为，地下经济作为未被官方国内生产总值记录的经济活动的总和，其规模在全球各国较之官方经济相当客观，并且呈现了不断扩大的趋势。他们分析了导致地下经济不断发展的原因，探讨了地下经济对一国宏观经济诸多方面尤其是经济增长率的影响，最后介绍了几种主要的地下经济规模估计方法，并对货币需求法和实际投入法重点进行了评析。朱琴华（2001）[4]指出，随着社会主义市场经济体制的建立，我国农村地区经济发生了巨大变化，传统的统计报表制度无法客观真实地核算出农村地区的经济全貌，有必要对农村 GDP 进行核算，并在对农村 GDP 核算现状考察的基础上，提出了开展农村 GDP 核算的一些设想。吴涧生、左颖（2001）[5]重点对非正规部门经济的概念、核算范围，

---

[1] 罗乐勤：《住户无付酬服务核算若干问题研究》，《统计研究》2008 年第 6 期。
[2] 刘丹丹：《住户无酬工作核算：概念、估价方法及卫星账户构建》，《统计与信息论坛》2007 年第 1 期。
[3] 肖文、李黎：《地下经济：原因、影响及规模估计方法》，《世界经济与政治》2001 年第 3 期。
[4] 朱琴华：《农村 GDP 核算问题探讨》，《统计研究》2001 年第 1 期。
[5] 吴涧生、左颖：《关于中国开展非正规部门核算的几个问题》，《统计研究》2001 年第 5 期。

其与地下经济、非法经济的区别，非正规部门经济核算的作用与意义，其在 SNA 中的地位，以及进行非正规部门经济核算的具体设想进行了理论上的阐述，他们认为，西方国家通过人口普查、经济调查方式收集的非正规经济数据的可靠度不高，主张采用住户直接调查的方式进行 NOE 数据的测算。他们设想，可通过多阶段方法抽取住户样本，对样本住户的非正规经济活动进行判断和调查，进而推断非正规经济活动的结构和总量。他们还根据我国统计实践，建议将非正规部门的经济活动调查纳入国家统计调查体系，全面开展非正规经济的核算。李松林、田新茹（2001）[①] 研究了不可观测经济（Non-Observed Economy，NOE），他们认为，要想对宏观经济运行有一个正确的评价，对不可观测经济活动（包括非法的、地下的、非正规的，以及其他被统计体系所遗漏的生产活动）的核算是不可缺少的。

  罗磊（2005）[②] 指出，地下经济作为未被官方 GDP 进行记录并施以赋税的经济活动的综合，其规模在全球大多数国家中呈现不断扩大趋势，近年来中国地下经济也在经济市场化进程中悄无声息地发展。他采用现金比率法对我国 1980—2002 年地下经济规模进行了测算，并在此基础上分析了地下经济对整个国民经济体系诸多方面的影响，如对 GDP 的影响，对财政收入的影响，对收入分配的影响，以及对社会信息系统的影响，并提出了相关治理地下经济的措施建议。蒋萍（2006）[③] 指出：按中国的统计方案，非法生产不包括在 GDP 中，这既不符合国际统计标准，又影响了 GDP 的准确性，因此，有必要将非法生产纳入统计范围内。她建议由统计部门牵头，在规范的概念框架下用统计方法对非法生产进行全面核算，从根本上解决生产核算的范围问题。杨灿（2006）[④] 则研究了总产出的概念、范围等，提出了计算住户部门产出的"成本费用法"。林玉伦（2009）[⑤] 通过对国内外住户生产核算的理论进行分析，并根据当前中国住户部门的生产情况，提出在中国进行住户生产核算是非常必要的。他首先根据中国住户部门的实际情况对住户部门生产的核算主体及核算范围进

[①] 李松林、田新茹：《不可观测经济对 GDP 核算的影响》，《内蒙古统计》2001 年第 6 期。
[②] 罗磊：《中国地下经济规模基本估计和实证分析》，《经济科学》2005 年第 3 期。
[③] 蒋萍：《非法生产与 GDP》，《经济科学》2006 年第 6 期。
[④] 杨灿：《关于总产出核算方法及其理论规范的探讨》，《统计研究》2006 年第 2 期。
[⑤] 林玉伦：《中国住户生产核算相关问题研究》，《统计研究》2009 年第 6 期。

行了界定，并通过构建住户部门的核算账户对住户生产进行核算分析。

李金华（2008）① 根据中国国民经济核算的实际，依据联合国 SNA1993，界定了住户生产核算中住户的概念、核算主体和核算范围，在此基础上探讨了住户生产核算中综合账户、综合矩阵的设计思想和结构，勾勒了中国住户生产核算的基本框架。李金华（2009）② 根据中国未观测经济的统计实际，以未观测经济的定义为切入点，界定了中国未观测经济的核算范围，提出了未观测经济生产者总量、结构及其变动的测定方法，设计了全新的未观测经济生产规模的测定方法，并据此研究了未观测经济生产账户、收入分配账户及其综合矩阵的编制原理，形成了中国未观测经济核算理论范式的雏形。核算范畴和核算方法是进行住户生产核算的重要内容，住户生产核算的主体和范围的界定是进行住户生产核算的前提，而核算方法，尤其是账户体系是进行住户生产核算的重要工具。韩中（2010）③ 依据《国民经济核算体系 1993》，结合中国的国情和统计实践，分析中国住户部门在国民经济不同阶段与政府部门、非金融公司部门、金融公司部门以及为住户服务的非营利机构部门间的经济交易，在此基础上形成了住户部门的生产账户、收入形成账户等循环账户，并最终构建出中国住户部门综合经济账户的通式。

卫星账户作为现行中心框架体系下的附属账户，是国民经济核算体系灵活性的重要体现。通过对现行中心框架体系未能完全体现和反映的经济现象构建相应的卫星账户，可以在某种程度上补充和完善现有的中心框架体系，本书试图构建的住户部门卫星账户正是考虑到现行中心框架体系并没有完全包含住户部门核算期内的所有经济活动，以卫星账户的形式来对现行中心框架体系进行补充和完善。刘丹丹（2007）④ 对住户无酬工作的含义、分类、估价方法、住户生产卫星账户在无酬工作核算中的应用等问题进行了系统阐述，同时作为一种探索和尝试，在 SNA 中心框架基础上编制了住户生产卫星账户的框架，并探讨了如何将 SNA 指标调整为住户

---

① 李金华：《中国住户生产核算的范式设计与理论阐述》，《统计研究》2008 年第 9 期。
② 李金华：《未观测经济测定与核算理论的一个新范式》，《数量经济技术经济研究》2009 年第 8 期。
③ 韩中：《中国住户部门综合经济账户的构建与理论阐述》，《财贸研究》2010 年第 3 期。
④ 刘丹丹：《住户无酬工作核算：概念、估价方法及卫星账户构建》，《统计与信息论坛》2007 年第 1 期。

生产卫星账户指标。韩中（2011）[①]认为住户生产核算是 SNA2008 的重要补充和完善。依据 SNA2008 经济生产的定义，本书界定了住户部门生产核算的范围，既包括住户部门 SNA 生产，也包括住户部门非 SNA 生产，在 SNA 住户部门账户体系的基础上，通过对其经济交易项目进行相应的调整，得到拓展后住户部门账户体系的经济交易项目，并由此构建出住户部门的卫星账户。同时，本书还分析了住户部门非 SNA 生产对经济总体生产水平、收入水平及其对 SNA2008 体系下政府部门、为住户服务的非营利机构部门相关经济交易项目的影响。蒋萍等（2013）[②]认为中心框架、卫星账户及其相关扩展问题的研究都是国民经济核算的研究内容，由于三者的研究重点与角度不同，所以，这三部分内容不是可有可无的，更不能互相替代。只有把握住国际上的最新前沿，将中心框架、卫星账户及其相关扩展问题的研究全面纳入国民经济核算范畴，才能将中国国民经济核算研究与实践推向深入。

此外，国内也有相关机构和学者开始对住户成员时间使用状况进行研究。王琪延（1997）[③]根据中国人民大学和北京市统计局社会处组成的生活时间分配调查研究课题组于 1996 年 10 月 3 日至 10 日以北京市 18 个区县 15 岁以上的居民为对象进行抽样的数据，整理分析后发现：与 1986 年相比，北京市居民周平均工作时间减少，闲暇时间增加；女性与男性生活时间分配的不平等度在缩小；北京市职工的工作时间也有所减少，但上下班路途时间增加；北京市居民年龄越大家务劳动时间越长；北京市女性居民睡眠时间多于男性；看电视仍然是北京市居民休息日的主要闲暇活动。王琪延（2000）[④]认为生活时间的分配和使用，在一定意义上可以说是对人类社会生活各个侧面的综合反映，有必要建构生活时间分配统计学的科学体系。她认为作为生活时间分配统计学的科学体系应该包括生活时间分配的调查历史、生活时间分配统计学的研究对象及理论基础、生活时间分配调查方法、生活时间分配统计分类法等。

国家统计局为了完善社会统计工作，从时间利用的角度反映我国国民

[①] 韩中：《住户部门卫星账户的构建与理论阐述》，《统计研究》2011 年第 11 期。
[②] 蒋萍等：《SNA 研究的最新进展：中心框架、卫星账户和扩展研究》，《统计研究》2013 年第 3 期。
[③] 王琪延：《北京市居民生活时间分配研究》，《管理世界》1997 年第 4 期。
[④] 王琪延：《建立生活时间分配统计学之构想》，《统计与决策》2000 年第 2 期。

的生活模式和生活质量，探索无酬劳动的测量方法，专门于2008年5月在北京、河北、黑龙江、浙江、安徽、河南、广东、四川、云南、甘肃10省市开展了我国第一次居民时间利用调查，调查对象为抽中调查户中15—74岁的人口，调查户为10省市现有城乡住户收支调查网点的全部城镇国家样本和抽取的部分农村国家样本。这次调查通过详细记录调查对象一天的活动来反映各类人群的生活模式和行为方式，进而反映人们在日常生活中承担的不同责任和作用，尤其是使妇女无酬劳动获得测量与展现，这次调查第一次记录了我国城乡居民一天完整的生活模式，提供了大量丰富的、反映单个活动的数据与信息，如工作、学习、上网、娱乐、健身、做饭、交通活动等，揭示出人们日常生活的共性规律。同时为了保证调查结果的国际可比性，这次调查参照联合国和欧盟统计局的相关标准，将人的全部活动分为9大类、61个种类和113个小类，并将最终的调查结果经整理分析后汇编成《2008年时间利用调查资料汇编》[①]，为学者研究和社会政策研究提供了前所未有的信息数据。

通过对国内外文献资料的梳理，不难看出，国内外众多研究机构和学者从不同的视角对住户部门核算的相关问题进行了大量的研究，并取得了丰富的研究成果。但是，现有的研究成果比较零散，对于住户部门核算期内所有经济活动的核算并没有形成完整的体系。本书正是在国内外现有研究成果的基础上，结合住户部门核算期内所有经济活动的特点，对住户部门卫星账户中构建的若干重要问题进行系统研究，并最终构建出用于全面反映住户部门核算期内所有经济活动全貌的住户卫星账户范式。通过构建住户部门的卫星账户，不仅可以真实准确地核算出住户部门核算期内所有生产活动（包含住户非SNA生产）的产出及其增加值，同时根据住户非SNA生产活动与现行中心框架下住户部门其他经济活动之间的内在联系，通过在卫星账户对现行中心框架下相关交易项目进行调整，可以对除生产活动外住户部门的其他经济活动进行准确刻画。可以说，住户卫星账户的构建是对现行中心框架体系的补充和完善，无论是在核算理论上还是在核算实践中均具有重要的价值。

[①] 国家统计局社会和科技统计司：《中国人的生活时间分配：2008年时间利用调查数据摘要》，中国统计出版社2009年版。

第三节 研究框架与内容

一 研究框架

本书在吸收国内外相关文献研究的基础上,以 SNA2008 为理论依据,以住户部门核算期内所有经济活动为主线,将经济学、统计学、会计学等理论和方法作为研究工具,对我国住户生产核算的基本范畴、核算方法及其与 SNA 的内在联系进行系统的研究,构建出用于反映住户部门核算期内所有经济活动全貌的住户部门卫星账户,试图形成相对完整的住户核算理论和方法体系,丰富和完善现行国民经济核算体系。

```
第一章 导论
    ↓
第二章 住户卫星账户构建的基本范畴
    ↓
第三章 住户生产核算方法的设计
    ↓
第四章 住户非SNA生产差异及其影响因素
    ↓
第五章 住户部门循环账户的构建
    ↓
第六章 住户部门卫星账户的构建
```

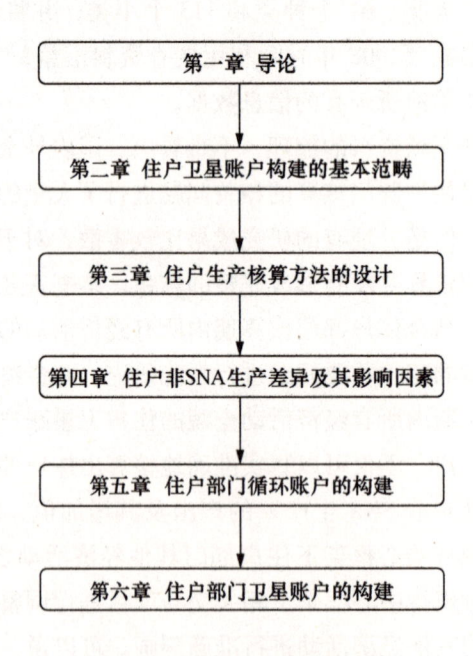

图 1-1 本书的总体研究框架

图 1-1 给出了本书的研究框架,从图 1-1 中可以看出:本书基于 SNA2008 和住户部门核算期内经济活动的自身特点,讨论了住户生产核算的基本范畴原则和住户生产核算方法的设计,并实证研究了住户非 SNA 生产的差异及其影响机制,最后构建出用于反映住户部门核算期内

所有经济活动全貌的卫星账户范式。

二 研究内容

本书属于方法论研究，以 SNA2008 为理论指导，结合统计学、宏观经济和管理学以及计量经济学相关理论，对住户部门核算期内生产活动等所有经济活动及其核算方法进行研究，基于现行中心框架体系下住户部门账户体系中的交易项目与本书住户卫星账户体系下交易项目之间的内在逻辑联系，最终构建出用于全面反映住户部门核算期内所有经济活动全貌的住户卫星账户体系。全书共分为六章，其他各章内容安排如下：

第二章界定住户卫星账户构建的基本范畴。根据国民经济总体的机构部门划分方法，定义了住户卫星账户构建的核算主体（即住户部门），并依据现行中心框架体系中对于住户部门子部门的划分原则，按照住户收入来源最多的收入类型将住户部门细分为不同的子部门；按照国民经济核算中经济生产的内涵，基于全面的生产观，界定出卫星账户体系下住户部门核算期内所有的经济生产活动范围，并依据其是否被纳入到现行中心框架体系下的生产核算范围，将住户部门核算期内所有经济生产活动分为住户 SNA 生产和住户非 SNA 生产。此外，本章还对住户部门核算期内在不同国民经济活动阶段与其他机构部门之间所发生的经济交易进行界定，并对住户生产核算的基本原则进行详细的理论阐述。

第三章依据住户 SNA 生产和住户非 SNA 生产的生产过程和产出的特点，分别设计出总产出和增加值核算的方法，对于住户 SNA 生产，主要采用产出法来核算，而对于住户非 SNA 生产，则推荐采用成本法来进行核算；对于住户非 SNA 生产总产出中的劳动时间价值、中间消耗和固定资本消耗，分别研究了其核算思路和方法；根据现行中心框架体系下核算账户和核算矩阵的基本原则和方法，设计出住户部门核算的生产核算矩阵通式、投入产出矩阵和收入形成矩阵。

考虑到住户非 SNA 生产核算对于住户卫星账户构建的重要性，第四章从时间投入的视角，利用我国国家统计局 2008 年和美国 2012 年住户时间利用调查的相关数据，定量研究了不同类型住户部门非 SNA 生产活动时间分配的差异，并利用主成分分析法和 Tobit 回归分析法对影响住户非 SNA 生产时间分配的个人因素、家庭因素、经济因素进行了实证分析。

鉴于住户部门在整个核算期内除了生产活动之外，还从事其他不同类型的经济活动，为了比较全面地对住户部门在整个核算期的所有经济活动进行核算，真实反映住户部门核算期内经济活动的全貌，需要构建出包含住户生产账户在内的循环账户体系。第五章首先基于全面的生产观，对整个住户部门的生产进行核算，并构建出既包含住户 SNA 生产，也包含住户非 SNA 生产的住户部门生产账户，其次根据住户非 SNA 生产及其流量对住户部门现有经济交易项目的影响，界定出中国住户部门在国民经济不同阶段与政府部门、非金融公司部门、金融公司部门以及为住户服务的非营利机构部门间进行的经济交易，在此基础上形成住户部门的生产账户、收入形成账户等循环账户，并最终构建出中国住户部门综合经济账户的通式。

第六章在前几章研究的基础上，首先，系统阐述了住户卫星账户构建的理论基础，基于住户卫星账户中相关经济交易项目与现行中心框架体系下住户账户中相关经济交易项目的内在联系，界定出卫星账户体系下住户部门核算期内在不同经济活动中的经济交易项目，并在此基础上延伸出住户部门的相关核算指标；其次，依据核算账户的构建原则，在界定了住户卫星账户中经济交易项目的基础上，设计出用于反映住户部门核算期内所有经济活动全貌的住户卫星账户的范式，利用某国的国民经济核算数据，构建出住户卫星账户的范例，从操作层面上验证了本书所构建卫星账户的科学性和可操作性；最后，根据国民经济总体中产品的总供给来源和总使用去向，分别构建出产品总供给矩阵和产品总使用矩阵，依据住户部门生产过程与其他机构部门之间发生的经济联系，构建出住户部门生产投入产出矩阵。

第二章 住户卫星账户构建的基本范畴

住户部门卫星账户的构建，旨在在现有国民经济核算体系中心框架下，沿用中心框架下统一的基本概念、方法和原则，通过卫星账户的形式来对住户部门核算期内经济活动、收入形成和使用活动、资本形成和金融活动等所有国民经济活动进行反映和刻画，全面反映住户部门核算期内所有经济活动的规模及流量。为此，在正式构建住户部门卫星账户之前，需要对住户部门卫星账户构建的基本概念和范畴进行界定，比如说何为住户部门？住户部门的生产活动范围包括哪些活动？住户部门的经济活动通过哪些经济交易来进行度量？等等，上述基本概念和范畴的界定将是本章研究的重点。

第一节 住户生产核算主体的界定

一 住户部门的内涵及界定

SNA2008 将整个国民经济总体划分为政府部门、公司部门、住户部门和为住户服务的非营利机构部门。其中公司部门按照从事的主要生产活动又可细分为金融公司部门和非金融公司部门。机构部门是由机构单位构成，机构单位是指能够拥有资产、发生负债、从事经济活动并与其他实体进行交易的经济实体。在现实生活中，有两个主要类型的单位可能具备了机构单位的条件。一类是个人或以住户形式存在的个人群体；另一类是得到法律或独立于个人的社会承认的法律实体或社会实体。多人住户的各个成员不是单独的机构单位，许多资产或负债都是两个或两个以上住户成员共同拥有或承担的，同一住户的各个成员的部分收入或全部收入可能集中起来供住户成员共同享用。此外很多支出决策特别是与食品或住房有关的支出决策可能是由整个住户集体作出的。在实际操作层面上，无法实现对每个住户成员编制出有意义的资产负债表或其他账户,而是将由多人组成的住户看成是机构单位,所有的住户构成了住户部门。

依据 SNA2008 的界定,住户是指共同享有同样的生活设施、集中其部分或全部收入和财产,并共同消费一些货物或服务且主要是住房和食品的一小群人。一般地,每个住户成员都有权利享有住户的共同资产,至少影响消费或其他经济活动的一些决策必须由整个住户作出。住户与家庭通常是一致的,只要其成员共享一些资源和消费,那么他们就是同一住户的成员,而不一定同属一个家庭。然而,与雇主居住在同一住宅的佣人或其他有酬雇工,尽管他们可能获得实物报酬的膳食便利,但他们并不是其雇主住户的成员,有酬家庭雇工对雇主住户的集体资源不具有任何权利,他们的住房和食品消费不包括在其雇主的消费中,应将其视为是独立于雇主住户之外的住户成员。同时对于那些永久居住在某些机构或预期将在一个机构中居住很长时间或无限期居住的人,如长期住在医院的病人、长期服役的囚犯或长期居住在养老院的老人,如果他们对于自己所属住户的经济事务方面的行为或决策很少或没有自主权,应将其视为是某一机构单位的一部分,而不是其通常所属住户的成员;相反,对于那些短期进入医院、疗养院,大中学校的寄宿生,或短期服役的囚犯,都应将其视为是通常所属住户的成员。

从整个国民经济活动过程来看,住户及其成员不仅仅是消费者,同时也承担着生产者的角色,从事相当规模的货物和服务的生产。其中,非法人企业是住户部门从事生产活动的主要方式,所谓非法人企业是与法人企业相对的,是指合法成立,有一定组织机构和财产,但又不具备法人资格,可以以自己的名义从事相关民事活动的组织,如合伙组织、非法人的私营企业、个人独资企业等。非法人企业不能独立承担民事责任,其使用的固定资产和其他资产不属于企业而是属于企业的所有者,它们不能与其他经济单位进行交易,也不能和其他经济单位签订合同,更不能以自己的名义发生负债。非法人企业的所有者无条件地以个人身份,对生产过程中形成的资产和发生的负债负有责任。住户非法人市场企业是为了生产在市场上销售或交换的货物和服务而创办的,它可以从事任何类型的生产活动,包括农业、采矿业、制造业、建筑业、零售业或其他服务的生产。从规模上看,它们可以是小到一个人的街头零售商、擦鞋匠,没有任何资本或场所,也可以是大到拥有很多雇员的大型制造厂、建筑企业或其他服务企业。对于由归属于不同住户的成员合伙创立的非法人市场企业，为使合伙企业达到非法人企业的条件，合伙人对企业债务所担负的责任是无限的，如果拥有很多合伙人的非法人市场企业，如一些规模较大的法律、会计或建筑企业，其运营模式类似于法人公司，其拥有完整的一套账户体系，应将其视为准公司并纳入到公司部门而非住户部门。

可见，住户通常与我们所谓的家庭是一致的，但对于家庭所属的住户的住户成员，若其属于机构住户的范畴，即永久居住或预期在某个机构中居住很长时间或无限期居住的成员，对通常所属住户经济事务方面的行为或决策很少或没有自主权，应将其排除在住户成员之外。同时，住户部门还包括由住户成员个人或合伙拥有的但还没有达到准法人性质的非法人市场企业。

二 住户部门的子部门分类

住户部门包括所有的常住住户。定义为机构单位的住户包括住户拥有的非法人企业，无论其是市场生产者，还是为自身最终消费而创办的，都是其住户不可分割的一部分，只要这些住户非法人企业没有达到准公司的标准，就应将其视为所属住户的一部分。住户卫星账户的构建就是为了全面反映本书所界定的住户部门核算期内所有经济活动的全貌，既包括住户成员核算期内从事的生产、收入、消费、投资等活动，同时也包括住户所拥有的非法人企业的所有经济活动。

为了满足不同层面的研究需要，有必要将住户部门进一步细分为子部门，按照统计分组的原则，将性质相似的住户归为一组，而将性质不同的住户区分开来，通过对不同类型住户生产、收入等活动区别进行研究，可以发现住户部门内部不同组别住户的经济活动在方式和规模上的差异，以充分发挥国民经济核算对于现实问题的应用价值和意义。按照SNA2008的指导原则，各国应根据本国具体的国情与需要来对住户部门进行分组，以反映本国不同类型住户的特点。中国是一个发展中国家，其经济发展水平、市场化程度与西方发达国家仍存在一定的差距，二元经济社会的特征是中国住户的基本国情，农村与城镇的经济结构、发展水平、文化制度等各方面均存在较大的差异，中国大部分居民分布于广袤的农村地区，主要从事农业生产，随着经济一体化和城市化进程的加快和不断深化，农村地区的产业结构发生了显著的变化，农户不再单纯地以农业生产为主，而是在从事农业生产的同时，从事一定的工业、建筑业、服务业等多种产业的生产。无论是从数量上还是从质量上，农村地区住户的生产水平和生活水平与城镇地区的住户相比仍存在相当的差距，为了客观反映我国二元经济的国情，本书试图首先将整个住户部门划分为农业住户和非农业住户，其中，非农业住户仅从事农业以外的第二产业和第三产业的生产，而农业住户不仅从事农业生产，同时也可能从事第二产业和第三产业的生产。

参照SNA2008推荐的分类标准，按照住户收入最多的收入类型，可将农业住户和非农业住户进一步细分为不同的子部门。一般而言，住户的收入来源主要包括四个来源：雇主混合收入、自给劳动者混合收入、雇员报酬、财产和转移收入，其中雇主混合收入是指拥有有酬雇员的住户非法人企业的所有者获得的混合收入[1]；自给劳动者混合收入是指没有有酬雇员的住户非法人企业的所有者获得的混合收入；雇员报酬是指住户成员从事市场性劳动而获得的劳动报酬。对于某一个住户来说，其每个住户成员的收入类型通常是不同的，有的住户成员是作为非法人市场企业的所有者获得混合收入，有的住户成员是通过市场提供劳动力获得相应的雇员报酬，而有些住户成员获得的收入主要是财产和转移收入，甚至同一个住户成员可能同时获得两种或两种以上类型的收入，根据收入来源最多的原则，应基于具体类型的收入，测算出该住户总收入中哪种类型的收入所占比重最大，即将该住户划分为该类别。根据上述四种不同类型的收入来源，按照住户收入来源中比重最大的收入类型，可将住户进一步细分为雇主住户、自给劳动者住户、雇员住户、财产和转移收入住户，在具体操作层面上，可将财产和转移收入住户按照具体的需要细分为财产收入住户、养恤金收入住户和其他转移收入住户。

至此，根据我国住户的基本国情和特点，按照SNA2008中对于住户部门细分的基本原则，本书勾勒出我国住户卫星账户构建的主体及其子部门的分类。

---

[1] 住户非法人企业的拥有者通常具有双重身份，一方面作为企业主负责企业的创办和管理，另一方面作为一位工人像其他有酬雇员一样提供劳动力，作为回报，非法人企业所有者既获得营业盈余和雇员报酬，但在实际操作层面上，往往很难将两者区分开来，为此统一称为混合收入。

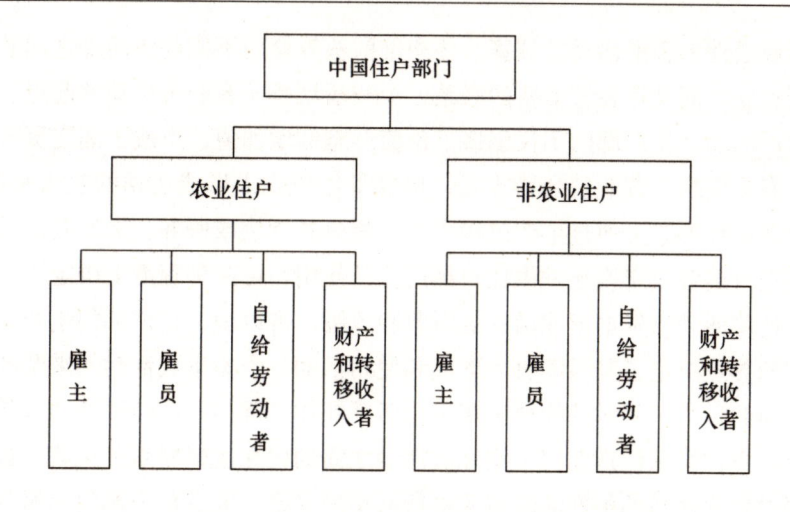

```
                    中国住户部门
                   /            \
              农业住户            非农业住户
            /  |   |   \        /  |   |   \
          雇  雇  自   财       雇  雇  自   财
          主  员  给   产       主  员  给   产
                 劳   和               劳   和
                 动   转               动   转
                 者   移               者   移
                      收                    收
                      入                    入
                      者                    者
```

图 2-1　住户卫星账户构建的主体及其子部门

当然，本书中对于住户部门子部门的分类仅仅是一种理论上的探讨，在国民经济核算实践中，可能要根据核算的具体情况来决定如何分类以实现对不同子部门的核算。除了上述的分类方法，住户部门子部门的划分可以采取"参照人"的原则来进行，即要求为每一个住户确定一个参照人，该参照人不一定是被住户其他成员认为是"户主"的人，参照人的选择应该根据经济的重要性而不是年龄或辈分来确定，一般来说，参照人应该是住户成员中收入最多的人。一旦某个住户中的参照人确定下来之后，就可以根据参照人的个人特征将住户划分为不同的子部门，比如说按照参照人的职业、从事的行业、教育程度、资格或技能等划分为相应的子部门。总之，为了满足不同应用者、分析人员和决策者对住户不同分类的需要，不同国家或地区应该根据本国的具体情况采用不同的分类方法，也可采用多种划分方法，充分发挥 SNA2008 的灵活性。

第二节　住户生产核算范围的界定

通过上一节对住户部门的界定，明确了住户卫星账户构建的主体。本书拟将构建的卫星账户主要是为了全面反映住户部门核算期内所有经济活动的序列及其流量，包括对住户部门生产活动、收入形成和使用活动、资本形成活动和金融活动的核算。住户部门核算期内不同经济活动之间并非相互独立，而是存在着紧密的联系，生产活动是所有经济活动的起点，通过生产活动，住户部门不仅创造了价值形态的增加值，形成了固定资产消耗、雇员报酬、营业盈余等收入，构成了住户收入形成活动的收入来源，同时在实物形态上通过生产过程生产了相应的货物或服务，无论其是通过市场进行出售或交换还是供住户部门自己使用，在某种程度上决定了住户收入使用活动和资本形成活动的对象和范围。可以说，住户部门生产活动范围的界定决定了其后续收入形成和使用活动、资本形成活动的来源和范围，为此，为了科学地构建出用于全面反映住户部门所有经济活动全貌的卫星账户，揭示住户部门不同经济活动之间的内在逻辑联系和关联，首先需要对住户部门的生产活动范围进行科学的界定，究竟住户部门的哪些经济活动属于生产活动？

一 经济生产活动的内涵

按照 SNA2008 的定义，经济生产是指在机构单位控制和负责下，利用劳动、资本、货物和服务的投入生产相应货物和服务的活动。从经济生产的定义可以看出，一项活动是否满足经济生产的定义必须满足支配性原则，即产品必须是在人类行为的控制和负责下产生的，没有人类参与或管理的纯自然过程不是经济意义上的生产（如公海鱼类的自然生长、未经培育森林的生长等）。国民经济生产核算的宗旨在于全面、真实地核算出一国或地区经济总体核算期内所有经济生产活动的产出及其创造的增加值，理应包含所有的经济生产活动。从理论上讲，但凡符合 SNA2008 经济生产定义的活动，都应该被纳入到国民经济生产核算范围内予以核算并体现在相应的核算指标中（此处主要是指 GDP）。在整个国民经济核算体系发展历史过程中，在不同的经济社会发展阶段，人们对于经济生产活动的认识是不断完善和深化的，先后出现了限制性生产观、中性生产观和综合性生产观三个阶段。其中，限制性生产观强调物质（货物）生产，排斥非物质（服务）的生产，认为只有物质性生产才是所谓的经济生产活动，只有物质生产才能创造财富；中性生产观相比于限制性生产观，在生产核算范围上有所拓宽，认为经济生产不仅包括所有物质性的生产活动，同时还包括物流、运输等增加物质产品价值的生产活动；综合性生产观是一种全面的生产观，这种生产观认为经济生产活动既包括物质产品生产，同时也包括非物质服务生产外，即生产成果从实物形态上既包括物质形态的货物,也包括不具物质形态的服务,建议经济生产活动的界定不应基于产出成果的物质形态,而是取决于整个活动是否符合经济生产活动的定义,只要满足经济生产定义的所有活动都应纳入到生产核算范围,以体现全面的生产观。

表 2-1   不同经济生产观及其主要观点

生产观	时间	主要观点
限制性生产观	17 世纪	强调物质(货物)生产,排斥非物质(服务)生产,认为只有物质生产能够创造财富,而非物质生产不能创造财富,只参与收入分配。
中性生产观	18 世纪	观点一:一切从事物质产品制造和增加物质产品价值的活动均视为生产,它包括货物生产及物质性服务生产。 观点二:服务生产是劳动,但并不是所有的服务均具有生产性,只有营利性的服务生产才是生产,而非营利服务则不是生产。
综合性生产观	20 世纪	生产既包括物质产品生产,也包括非物质服务生产,即生产成果包括具有物质形态的货物和不具物质形态的服务。

在现行国民经济核算体系中心框架范围内,受各国或地区核算目的和核算手段的影响,国民经济生产核算并未完全落实综合性生产观,并不是所有符合经济生产定义的活动都能够包括在生产核算范围内。一般来说,生产性活动可以分为市场性生产和非市场性生产,所谓市场性生产是指生产的产出通过市场以经济意义的价格出售或交换,而非市场性生产是指生产的产出可能免费或以无意义的价格向使用者提供(政府部门或非营利机构部门的生产通常属于此种方式),或者是生产者自己生产自己使用的情况,比如企业自己制造生产用设备、农民生产供自己消费的粮食等。现行国民经济核算中心框架中对于生产核算范围的界定并非依据市场性原则,即只有市场性生产的产出才被核算,而是同时包括部分非市场性生产,SNA2008 中界定的生产核算范围包括:所有货物的生产,无论其是市场性生产还是非市场性生产;对于服务生产,主要包括所有市场性生产、政府和非营利机构提供的非市场性服务,住户部门除了住户部门自有

住房服务的生产和雇佣有酬雇员的服务生产外，其他住户成员为自身最终消费而进行的服务生产是被排除在生产核算范围之外的。

住户卫星账户的构建旨在全面反映住户部门核算期内所有经济活动的全貌，而生产核算是进行其他活动核算的前提和基础，故本书中对于住户部门生产核算范围的界定采用的是综合性生产观，即只要该生产活动是在住户的监督和管理下完成，符合经济生产的定义，无论其产出形态是物质性的货物还是非物质性的服务，都应该被进行核算以体现全面的生产观，从而体现卫星账户对于现行中心框架的补充和完善。根据前面对于住户部门的界定，住户部门不仅包括我们通常所谓的家庭，同时还包括由住户成员拥有的非法人企业，一般而言，住户部门的非法人企业从事的活动均为市场性经济生产，符合经济生产的定义，这些非法人企业通过在市场上销售或交换货物或服务而从事相应的生产活动（如个体工商户、私营企业等），非法人企业的生产活动无疑是被纳入到住户部门生产核算范围之内的。对于住户内的住户成员，其从事的活动并不像非法人企业那样单一（主要从事市场生产活动），住户成员每天从事不同类型的活动，比如说吃饭、打扫房屋、锻炼身体、照顾小孩等，对于这些活动，哪些活动应该属于经济生产活动的范畴，如何进行界定？

住户成员的生产性活动主要是通过"第三方原则"来界定的，"第三方原则"的基本含义是如果一项活动可以委托给他人从事并产生相同的预期结果或它产生可用于交换的产出，就视其为生产性活动，否则就认为是非生产性活动，如住户成员的吃喝、睡觉、锻炼、休闲娱乐等活动就属于非生产性活动也就是通常所说的个人活动，这些活动不能委托给住户成员以外的人来完成，如果将此类活动委托给住户成员自身以外的他人来完成，从经济效用角度来看，如果从事此类活动的主体不是住户成员自身，住户成员是不能从该类活动获得预期的效果和效用，依据"第三方原则"，此类活动应该被界定为非生产性活动。类似的，住户成员的社交、娱乐、参与运动、业务爱好和游戏也应该被视为非生产性活动。然而对于那些从"第三方原则"角度来看属于生产性活动但不符合社会行为准则的活动，我们需要对其进行特殊处理，比方说向自己提供的各种个人服务如清洗、穿衣、化妆和剃须等确实也可以由第三方提供，但这些活动在实际操作过程中被作为非生产性活动处理，而给儿童洗澡和给残疾人穿衣则是生产性活动，有些生产性活动带有感情色彩或主观价值观，为子女烘烤生日蛋糕因为带有爱心因素可被视为个人活动，但根据"第三方原则"，该活动属于生产性活动，从经济学观点来看，住户成员是否从活动中获得正效用或负效用都不影响该活动的性质。还有利用自有交通工具或步行旅行活动并非都是生产性活动，只有那些与从事生产性活动的旅行被视为生产性活动而同个人活动有关的旅行被视为个人活动。除了上述住户成员为满足自身个人需要从事的个人活动之外，住户成员的做饭、打扫房屋、照顾老人和小孩等活动，则应属于生产性活动的范畴，从实际操作层面来看，住户成员自身亲自从事此活动与将该活动委托给其他人员来进行（如雇佣家政人员来打扫房屋、照顾老人或小孩等）在经济效用上是等同的，通过将此类活动委托给第三方来完成，住户成员能够获得预期的效果，故住户成员从事的该类活动属于生产性活动，应该被纳入到住户部门生产核算的范围中。

二 住户部门生产活动范围的界定

根据上面对于住户部门的界定，可知住户部门不仅包括我们通常所说的家庭，同时还包括其住户成员所拥有的尚未达到准法人企业标准的非法人市场性企业。若要试图构建出全面反映整个住户部门核算期内所有经济活动全貌的卫星账户，考虑到生产活动是其他经济活动的前提和基础，首先需要对住户部门经济活动进行核算，即对住户核算期内所从事的满足经济生产定义的活动（生产活动）进行核算。为此，在正式对住户部门进行生产核算之前，首先需要对住户部门核算期内生产活动的范围进行准确界定。本书对于住户部门生产核算的研究是基于综合性生产观，即凡是住户部门核算期内从事的经济活动，只要其满足经济生产的定义，都应该被纳入到住户部门生产核算范围中并予以核算。

住户部门的生产活动既包括住户成员的生产活动，同时也包括住户成员所拥有的非法人企业核算期内所从事的生产活动，两者共同形成了住户部门的生产活动。一般而言，住户成员个人或合伙拥有的非法人企业通常是通过市场交易来销售或交换而生产相应的货物或服务，其生产活动涵盖了现行国民经济行业分类的所有活动，既可能从事第一产业的生产，也可能从事制造业、建筑业以及物流、运输等服务业的生产，虽然其从事生产的行业类别千差万别，但都是属于市场性生产的范畴。从国民经济核算实际工作来看，住户部门非法人企业的生产活动可能并未全部被观测到并核算，究其原因，主要是由于住户部门非法人企业在整个生产过程中可能从事一定规模的非法生产和地下经济生产活动，为了逃避相关法律、法规的制裁，该类生产通常极具隐蔽性，难以被观测到并予以核算。非法生产通常有两种：一是法律禁止销售、分配或持有的货物的生产，如毒品、黄色书籍和影像制品的生产、假冒产品的生产与销售、货物走私、赃物的买卖转让、国家法律明令禁止的服务性生产；二是生产活动通常是合法的，但生产过程是违法的，如无营业执照的行医活动、无营业执照的小本经济、非法伐木和狩猎、非法捕鱼等。虽然非法生产活动从法律角度来看是违反了相关的法律和法规，但是这些活动是有经济意义的，在整个生产过程中，这些货物或服务的生产过程是真实的，且其产出都是有实际需求的货物和服务，如毒品的生产是为了满足吸毒人员的需求而进行的生产，产出是客观存在的通过市场交易销售的货物。国民经济生产活动核算的基本原则是客观存在性原则，生产活动的界定是依据其生产活动的客观存在原则来进行，而非依据其生产过程是否合法。类似的，地下经济是指生产者为逃避纳税、缴纳各种规费或为规避各类制度和标准，而故意隐瞒使政府不知晓的经济活动，生产者隐蔽生产活动的原因主要包括：一是为了避免缴纳所得税、增值税或其他税；二是为了避免缴纳社会保障缴款；三是为了避免遵从某些法定标准，如最低工资、最长工时、安全或卫生等方面的标准；四是为了避免遵守某些行政程序，如填写统计调查表或其他管理表格。与非法生产活动类似，地下经济生产活动过程是真实的，生产的货物或服务也是为了满足市场性需求而进行生产的，满足生产活动客观存在性的原则。如果因为难以获得非法生产和地下经济生产活动的相关投入产出数据，而将其排除在生产核算范围之外，不仅无法全面地核算生产的规模，同时也会产生其他账户中相关交易项目的不平衡，非法生产和地下经济生产的收入可能完全合法地花费掉，相反，用于购买非法生产和地下生产货物和服务的收入很可能是通过合法的途径所获得，所以如果忽视非法生产和地下经济进行核算，将无法保证收入获得与收入使用的平衡。

住户部门非法人企业的生产通常都是市场性生产，而住户成员核算期内从事的生产活动则既包括市场性生产，同时也包括非市场性生产，即住户部门自产自用的生产活动。对于住户成员从事的非市场性生产，从实物形态上看，产出既包括物质形态的货物，也包括非物质形态的服务，前者如住户自产自用的粮食生产、自有建筑物的建造等，后者主要包括住户成员为自身消费而生产的个人和家庭服务，如住户成员自己打扫房屋、做饭、照料老人和小孩等活动。对于住户部门非市场性服务的生产，由于该类生产完全是一种自成一体的活动，对经济的其余部门影响较小，住户决定生产此类服务的同时也决定了消费这种服务，住户生产此类服务的目的是为了满足家庭及其成员自身最终消费，在实际核算层面上无法寻找到相匹配的市场价格来对其产出进行估算，同时由于此类活动的界定对国民经济核算制定政策和分析市场和市场失衡现象，即通货膨胀、失业等方面的效用具有不利的影响，如根据国际劳工组织的准则，就业人员是指参与经济生产活动的人群，如果将住户非市场性服务的生产纳入到生产核算范围中来，几乎所有的成人都满足就业的定义，失业的现象也就随之消失。为此，现有国民经济核算中心框架中并没有将住户部门为自身最终消费而进行的服务生产纳入到生产核算范围之内。但是考虑到不同国家或地区经济发展水平、市场化程度高低的差异，像市场化程度较高西方发达国家，住户成员更多的是通过从事有酬劳动工作以获得相应的报酬，然后通过市场交易购买相应的服务，而在经济发展较落后、市场化程度较低的国家或地区，住户成员很难获得有酬劳动的工作机会来谋取收入，更多的是通过自身生产无偿服务来满足家庭和其他住户成员的需要。而且，一般从事住户无偿服务生产的主要是女性住户成员，如果不对住户部门该类无偿服务的生产进行核算，将不能准确地核算出住户部门核算期内所有生产活动的成果，也无法体现女性成员在整个经济中的作用和地位。

依据"第三方原则"，在收入、市场条件和个人倾向允许的情况下，住户部门无偿服务可以委托给市场上专门从事此类服务生产的生产者进行生产，并对住户及其成员产生相同的预期结果。住户内为自身最终消费而生产的家庭和个人无偿服务主要包括：①提供住房服务：包括住房的维修、清洁等；②提供食物：包括安排膳食、购买原料、烹饪食物、清洗餐具等；③提供衣着：包括衣物的购买、洗涤、熨烫、缝补等；④提供照料和教育：包括孩子、病人、老人、其他家庭成员的照料以及孩子的教育等；⑤志愿活动：住户成员向社区或其他住户无偿提供的帮助。

表 2-2　　　　　　住户非 SNA 生产活动的分类与解释

大类活动	小类活动	解释说明
提供住房	住所及周边环境的清洁整理 　室内清洁 　户外清洁 自己动手进行的小规模装修、维护和修理 　自己装修或维修住房 　个人及家庭物品的制作、安装、调试和修理 　交通工具的保养与修理 家庭事务的安排和管理 购买商品与服务 　购买家庭消费品和耐用品 　请人修理电器、汽车或安排修理 　赴专门机构办理特定服务	指对住所内卧室、厕所、厨房的清洁保洁，如扫地、吸尘、清洗地板等 指户外垃圾清理、花园庭院整理、清扫落叶等 指自己对住房进行维修、装修、小改造等 如自己打制家具、修理桌椅等家庭用品 指对汽车、农用机械等交通工具的保养与维护 如制定朋友聚会、家庭装修、旅游出行等计划，列购物清单等 如联系家电维修人员上门维修电器，去汽车维修点修理汽车等 指去银行、法律机构、广告媒体、房屋出租机构等办理业务，赴美容店、理发店理发、美容，赴医院看病、心理咨询等
提供食物	准备食物、饮料及相关的清理活动 　准备食物或饮料 　就餐服务及餐后整理	指整理与清洗蔬菜、准备其他食物以备烹饪，烹饪饭菜，准备茶水饮料，为婴幼儿准备食物等 指准备碗筷、清理餐桌、就餐服务、洗碗刷锅、清理厨房等
提供衣着	洗衣、整理衣物 　洗衣刷鞋 　熨烫、整理和存储衣物 　缝补衣物和手工编织	 指手工或用洗衣机洗衣、晾晒衣物、回收衣物、皮鞋上油、刷洗鞋子等 指熨烫衣物、整理过季衣物、清理衣橱等 指裁剪自制衣物、缝纫、缝补衣物、织毛衣等

续表

大类活动	小类活动	解释说明
照料活动	照顾未成年家人	
	对孩子的生活照料	指为孩子穿衣、洗澡、医疗护理等
	对孩子进行教育、培训与帮助	指教育孩子、与孩子一起阅读玩耍和交谈或提供其他帮助
	看护孩子	指留意户外玩耍的孩子、保持孩子处于安全环境、监督小孩游戏等活动
	陪孩子外出活动	指陪孩子去游乐场、医院、学校等场所进行相关的活动
	照顾成人家人	
	对成年家人的生活照料	指对成年家人停工的生活照料，包括提供喂饭、穿衣、个人卫生等
	对成年家人的医疗护理	指对成年家人提供喂药、肢体按摩、理疗等治疗活动
	陪成年家人外出活动	指陪成年家人去医院、商场、影视剧场等场所
	饲养宠物	
	喂养、清洁、遛宠物	
	为宠物看病、美容、配种	
	养植花草	
志愿活动	对其他家庭提供的无偿家务帮助	指对家庭成员外的其他人员提供的各种无偿帮助，如照顾小孩或宠物、接人送物、修理物品、清洁卫生等
	社区服务与公益活动	指公民履行义务参与选举投票以及参加公益活动，包括参加社区组织的公益活动、培训和学习等

　　依据上述对于住户部门生产核算范围的界定，可以看出，为了构建完整的住户卫星账户体系，本书对于住户部门生产核算范围的界定是基于全面的生产观，即只要是在住户部门的监督和负责下，符合经济生产内涵的经济活动，都应属于住户生产核算的范畴并在住户卫星账户中予以体现。考虑到种种原因，在国民经济核算体系中心框架下，住户部门的生产活动并未全部被纳入到生产核算范围中来。在现行中心框架下，住户部门所有的货物生产（既包括市场性的货物生产，也包括非市场性的货物生产）、住户雇佣有酬家务人员生产的家庭和个人自给性服务以及住户自有住房服

务的生产①是包含在现行中心框架下的生产核算范围内的,而其他住户部门为自身最终消费所生产的个人和家庭服务被排除在生产核算范围之外。为了便于区分,本书将住户部门核算期内所有生产活动中已被纳入到现行生产核算范围中的部分称为住户 SNA 生产,而将被排除在生产核算范围之外的生产活动称为住户非 SNA 生产,在住户 SNA 生产中,既包括住户部门市场性生产,同时也包括部分非市场性生产,其中非市场性生产主要包括住户部门自给性货物生产、自有住房服务生产和有酬雇员服务生产。住户非 SNA 生产主要是指其他住户为自身最终消费所生产的家庭和个人服务,包括提供住房、提供食物、提供衣着、照料活动和志愿活动,其中此处的志愿活动是指产出形态为服务的活动,而那些产出形态为货物的志愿活动是包括在住户 SNA 生产中的。

表 2-3　　　　卫星账户体系下住户部门生产核算范围

住户卫星账户生产核算范围					
住户 SNA 生产					住户非 SNA 生产
住户部门市场性生产	以货物为产出的志愿活动	住户部门自身最终使用的生产			以服务为产出的志愿活动
^	^	自有住房服务生产、有酬雇员服务生产	自产自用的货物生产,特别是建筑物的建造	其他自产自用的服务生产	^

至此,本书依据全面生产观,根据"第三方原则",结合住户部门自身生产活动的特点,界定出住户卫星账户的生产核算的范围。

第三节　住户生产活动外其他经济活动的界定

住户部门在整个核算期内所从事的经济活动,不仅包括生产活动,同

---

① 之所以将住户部门自有住房服务的生产纳入到现行中心框架的生产核算范围内,主要是因为不同国家之间,甚至在同一国家的较短时间内,自有住房与租用住房的比率可能存在较大的差异,如果不对自有住房服务的产出进行虚拟核算,在国家间或不同时期,对住房服务的生产和消费进行比较就会严重失实。

时也包括收入形成活动、收入使用活动、资本形成活动和金融交易活动。住户卫星账户的构建旨在全面反映住户部门核算期内所有经济活动的全貌，既包括生产活动，也包括其他经济活动。为此，若要通过构建住户部门卫星账户来反映住户部门核算期内的所有经济活动，除了要对住户部门生产活动范围进行界定，同时也需要对住户部门其他经济活动的类型进行定义。

```
                                    ┌─ 第一产业生产
                        ┌─ 市场性生产 ─┼─ 第二产业生产
                        │           └─ 第三产业生产
              ┌─ SNA生产 ─┤
              │         │           ┌─ 自给性货物生产
住户部门       │         └─ 非市场性生产┼─ 自有住房服务生产
经济生产 ─────┤                      └─ 有酬雇员服务生产
活动范围       │                      ┌─ 提供住房
              │                      │
              │                      ├─ 提供食物
              └─ 非SNA生产 ─ 其他非市场性生产 ┼─ 提供衣着
                                     │
                                     ├─ 照料活动
                                     │
                                     └─ 志愿活动
```

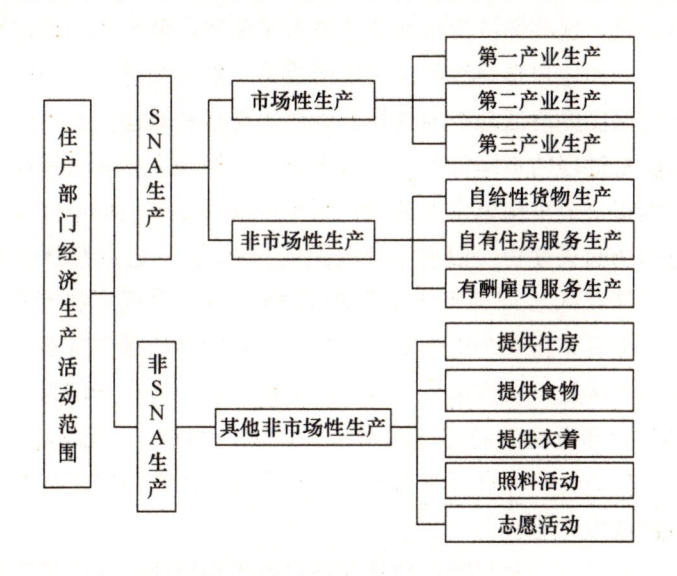

图 2-2　住户卫星账户的生产核算范围

一　经济交易的定义及内涵

住户部门核算期内除了从事生产活动，通过住户成员或成员所拥有的个人非法人企业生产一定的货物或服务，同时还要从事收入形成活动（如作为雇员获得相应的收入、通过购买股票或债券获得收入等）、收入使用活动（通过市场购买相应的货物或服务、自己生产自己消费的货物或服务生产等）、资本形成活动（通过市场购买相应的机器设备、自己建筑自己使用的房屋等）和金融交易活动（购买股票、债券等活动）。可以说，住户部门整个核算内所从事的活动范围很广、内容很多，为了便于核算和分析，在现行国民经济核算体系中心框架下，采用经济交易的方式来对不同类型的活动进行定义和归纳，定义出上述住户部门在不同国民经济活动阶段的活动内容。

所谓经济交易就是指按机构单位间的相互协议而进行的经济活动。从交易的定义中可以看出，机构单位对交易是预先知情的，相互间存在着共同的协议,且得到了参与交易者的同意。即使交易者事先都知情并同意,也并不意味着所有交易者都是自愿进行该交易的,比如说税收这样一种交易,即使纳税者并不情愿向政府纳税,但由于税收的强制性,纳税者仍然需向政府缴纳一定的税收。同时,交易不一定都是发生在两个机构单位之间,在国民经济核算过程中,把那些仅涉及一个机构单位的某些经济活动作为交易处理,这些经济活动本质上类似于那些由两个机构单位相互协议进行的活动,如住户自给性固定资本形成等。根据交易过程中交易者的数目,可以将国民经济活动中的交易分为单边交易和双边交易,对于双边交易,依据交易过程的不同特点,又可再分为交换性交易和转移性交易。交换性交易是指一个机构单位以某项资源来换取另一个机构单位的资源,如住户通过市场购买食物(以现金换取相应的食品)、通过有酬市场工作获得相应的工资收入(以劳动力资源换取相应的货币或实物形态的收入)等;转移性交易是指一个机构单位向另一个机构单位提供货物、服务或资产,而同时不从后一机构单位获得任何货物、服务或资产作为回报的一种交易(如住户部门向政府部门缴纳个人收入所得税,并没有同时从政府获得同等价值的另一种资源作为回报;政府部门无偿向灾区住户及其成员提供的货物或服务等)。

在现实生活中,并非所有交易都是以货币为媒介,在很多交易过程中并没有货币参与其中,如企业向住户部门提供食物或住房作为劳动报酬、住户部门为自身使用建造的房屋等。根据是否以货币为媒介来看,可以将交易分为货币交易和非货币交易两种。而货币交易和非货币交易又可按照不同的交易方式和特点进一步划分,具体的交易类型及其特点见表2-4。

表2-4　　　　　　　　经济交易的分类及其各自的特点

交易类型	交易项目	交易特点
货币交易	有偿货币交易	一方向另一方提供货物、服务、劳动力或资产,作为回报得到货币对应物。如货物和服务消费支出、证券的获得、工资和薪金等
	货币经常转移	一方向另一方提供的非生产性目的的通货或存款。如国家对住户的生活补贴
	货币资本转移	一方向另一方提供的生产性目的的通货或存款

续表

交易类型	交易项目	交易特点
非货币交易	易货交易	一方向另一方提供货物、服务或现金以外的资产，作为对另一方所提供货物、服务或现金以外的资产的回报
	实物报酬	当劳动者接受货物和服务形式的支付代替货币形式的支付时，就产生了实物报酬。如膳食和饮料、住户服务或住宿设施等
	实物报酬以外的实物支付	除了实物报酬，任何以货物和服务的形式而不是以货币形式所做的支付。如土地承租者向地主支付其部分收成作为土地租金等
	实物转移	一方向另一方提供货物、服务或现金以外的资产而不获得对应物作为回报。如国际救援中的药品、实物和帐篷等
	内部交易	只涉及一个单位的交易。如住户部门的自产自用等

经济交易是经济流量的主要形式，在市场经济活动中，经济交易几乎覆盖了所有的国民经济活动，大多数经济流量都是经济交易。但也有一些不符合经济交易特征的流量也可以引起资产和负债的变化，也应被国民经济核算体系所记录，该部分非交易的流量则称为其他流量。其他流量主要分为两类：一类是由于一些非交易因素造成的资产、负债和净值的物量变化，如地下矿藏的经济发现，因盗窃、自然灾害等造成的损失等；另一类主要包括由于价格因素引起的资产和负债价值的变化，即持有收益（如住户部门核算期内持有股票或债券的升值和贬值等）。上述对于经济交易的内涵和分类，基本包括了住户部门核算期内的所有经济活动。

二 住户其他经济活动项目的界定

住户部门作为国民经济总体机构部门之一，在整个核算期内除了从事一定规模的生产活动之外，还从事收入形成和分配活动、收入使用活动、资本形成活动和金融交易活动。在不同的经济活动中，与国民经济总体中的政府部门、非金融公司部门、金融公司部门和为住户部门服务的非营利机构部门之间发生着各种各样的经济交易活动。基于国民经济核算体系中对经济交易内涵的界定，本书拟对住户部门在不同国民经济活动阶段与其他机构部门之间的所有经济交易活动进行明确界定。

在生产活动阶段，住户部门从事的活动主要是进行货物或服务的生产，从事生产活动的主体主要是住户成员及其成员所拥有的非法人企业。住户部门通过生产过程生产了用于市场性交易或供自身使用的货物或服务，从价值形态上创造了新增价值（即增加值）。在生产过程中，住户部门主要与政府部门发生经济交易，交易项目包括生产税和生产补贴。生产税是指政府向单位征收的有关生产、销售、购买、使用货物和服务的税金，包括各种利前税，即不包括所得税，如政府部门向住户部门征收个体工商户营业税等；对于住户成员所用于的非法人企业的生产，为了落实私营经济部门创业等优惠政策，政府部门可能对某些行业非法人企业的生产提供生产补贴，如对农业住户进行农业生产提供一定农业生产补贴以提高农民生产的积极性等。

通过生产活动，住户部门创造了增加值。住户部门创造的增加值是其生产活动的总产出扣除生产过程相应中间投入的结果，包括生产税净额、固定资本消耗、雇员报酬和营业盈余（或混合收入）四个部分。其中，生产税净额是政府部门在生产过程中征收的生产税与提供的生产补贴的差额，固定资本消耗属于生产成本，一般可把它界定为在核算期内由于自然退化、正常淘汰或正常事故损坏导致生产者拥有和使用的固定资产存量的现期价值的下降，它的内涵是固定资产在生产中所耗用的固定资产而提取的价值。雇员报酬是在住户成员通过在生产过程中提供劳动力生产要素获得的相应收入，雇员报酬主要包括两部分内容：一是现金或实物形式的应付工资和薪金，二是雇主应付的社会缴款的价值，可以是雇主为使其雇员获得社会福利而向第三方如社会保障基金等支付的社会缴款，也可以是雇主提供的未储备基金的社会福利的虚拟社会缴款。从住户部门创造的增加值中扣除掉雇员报酬、生产税净额和固定资本消耗后就得到了营业盈余或混合收入。对于住户成员所有的非法人企业，主要是一些规模较小的企业（如个体工商户），住户成员在整个生产过程中同时承担两种角色，既是该企业的所有者管理整个企业的运营，同时也像其他有酬雇员一样在整个生产过程中提供劳动力，作为管理者，住户成员获得的收入是营业盈余，而作为劳动力提供者，其获得的是雇员报酬，但在实际核算过程中，往往很难明确地将两者区分开来并单独进行核算，故将用于此类非法人企业的住户成员在生产过程中获得的营业盈余和雇员报酬统称为混合收入。

生产活动是国民经济活动的起始，是其他经济活动的前提和基础，生产活动的范围决定了其他经济活动的范围。收入分配活动是生产活动的延续，反映住户部门通过收入分配阶段的各类经济交易形成最终的可支配收入。为了研究的需要，收入分配活动被划分为收入初次分配和收入再次分配两个阶段，收入初次分配活动阶段的经济交易主要是交换性交易，体现的是市场效率原则，根据不同生产要素在生产过程中的贡献来进行收入分配；而收入再次分配阶段主要是转移性交易，体现的是公平原则，政府部门在收入再次分配阶段起主导作用，通过一系列经济交易，试图尽量缩小初次分配所形成的收入差距过大的问题。在收入初次分配阶段，根据住户所属生产要素在生产过程的参与状况、对生产的贡献程度，住户部门获得相应的收入作为补偿。住户部门在收入初次分配阶段所获得的收入既包括住户生产过程所创造增加值中的雇员报酬和营业盈余/混合收入，同时还包括住户部门作为有酬雇员从其他机构部门生产过程中获得的雇员报酬（如法人企业雇员或政府机构雇员所获得的雇员报酬等）。除了雇员报酬和营业盈余/混合收入外，财产收入也是住户部门该阶段发生的主要经济交易，财产收入流量发生在金融资产和有形非生产资产（主要指土地）的使用者向所有者支付的过程。住户部门所获得的财产收入是指作为向机构单位提供资金，或将有形非生产性资产供其支配的回报而得到的收入，如住户通过存款获得银行利息、持有股票获得的红利、持有债券获得的利息和地租等。当然，财产收入交易具有双向性，在收入初次分配阶段，住户部门既可能从其他机构部门获得财产收入，同时也可能向其他机构部门支付财产收入，如住户部门因生产资金短缺向金融公司部门贷款而支付的利息。经过收入初次分配阶段，住户部门形成了原始收入总额。

　　在收入再次分配阶段，主要考虑的是社会公平及社会发展，通过各种经常转移适当缩小在初次分配阶段上造成的过大的收入差距，以提高全社会的福利水平，政府部门和为住户部门服务的非营利机构部门在该阶段起主导作用。转移是交易的一种形式，是单方面的交易，指一个机构单位向另一个机构单位提供货物、服务或资产，而同时不从后一个机构单位获得任何货物、服务或资产作为回报的一种交易。经常转移主要有三种形式：所得、财产等经常税；社会缴款和社会福利；其他经常转移。住户部门的所得、财产税等经常税是住户部门针对当期所得应向政府部门支付的所得税、利润税、资本收益税及其他经常收入税，如彩票赌博税等。社会缴款是住户部门为保证在未来某个时期能获取社会福利金，而对政府组织的社会保险计划或各个单位建立的基金所缴纳的款项，如对失业保险、退休保险计划的缴款。社会福利是居民从政府和其他机构部门所收到的经常转移，分为社会保险福利和社会援助福利，前者如失业金、退休金、养恤金、医疗保险金，这种社会福利的获得是以住户部门在此前支付社会缴款为前提的；后者如生活困难补助、人民助学金、政府对灾民发放的救灾物资等，这种社会福利并没有被纳入到社会保险计划，不受以前支付缴款的限制。从形态上看，住户部门在收入再分配阶段所获得社会福利既包括现金社会福利，同时也包括实物形态的社会福利。对于这两种不同形态的社会福利，需要加以区分，主要是因为住户部门对于现金形式的社会福利的使用具有自主决定权，即可以自由决定该收入是用于最终消费还是进行资本投资或金融交易，而实物形态的社会福利则不能，如政府或为住户部门服务的非营利机构向灾民免费发放的救灾物资，住户部门在接受该救灾物资的同时也决定了其将最终消费该福利。考虑到这两种社会福利仅仅是形式上的差异，但对于住户部门来说本质上是一样的，实际上都形成了住户部门的可支配收入，为此，在操作层面上，需要对实物形态的社会福利进行虚拟核算，将虚拟的货币价值首先作为住户部门的可支配收入进行核算，在后续收入使用阶段，再将同等数值的可支配收入用于住户部门的最终消费，以达到收入与使用的平衡。

  通过收入初次分配和再次分配阶段，住户部门通过各种收入来源形成了自身的可支配收入，紧接着就进入了如何使用和分配自身可支配收入的阶段，即收入使用阶段。在收入使用阶段，住户部门的主要活动是进行最终消费，即利用在收入初次分配和再次分配阶段所获得的货币性收入和非货币性收入来获得满足自身需要的各种货物和服务，此处的非货币性收入是与货币性收入相对应的，如住户部门所获得的来自于政府部门和为住户部门服务的非营利机构部门的实物社会转移，为了保持账户之间的平衡、收入与支出的对等，在实际操作层面上，需要首先按照市场上同等类型产品的价格对住户部门所获得的实物形态的社会转移进行价值虚拟，首先作为住户部门在收入分配阶段所获得的虚拟收入，然后在收入使用阶段虚拟记录住户部门利用该收入获得同等数量和质量的产品，记录为最终消费。对于住户部门自产自用部分的产出核算（如农户自产自用的粮食、住户自有住房服务的产出、住户成员自身照料小孩等服务产出），和住户部门获得的实物社会转移类似，住户部门最终消费该部分的产出并不是通过市场进行货币交易，为了完整、准确地反映整个交易过程，同样需要对其进行虚拟核算，利用市场上同类型产品的价格或生产产品的成本费用来对产出的价值进行虚拟核算并记录为住户收入分配阶段的收入，在收入使用阶段，将同等数量的货币价值记录为最终消费，以保持收入与支出的均衡。住户部门收入分配阶段所获得的可支配收入可能并没有全部用于最终消费支出，用于最终消费支出后的可支配收入结余形成了住户部门的"储蓄"。国民经济核算中的储蓄并非日常生活中的储蓄（如住户存于金融机构的货币资金），而是一平衡项，用于反映住户可支配收入在收入使用阶段的结余，是住户部门进行资本形成的资金来源。

经过收入分配和使用阶段之后，住户部门主要进行资本形成活动。住户成员所拥有的非法人企业为了提高企业的生产规模和能力，主要通过市场交易来购买新的机构设备、厂房等生产资产或对现有生产资产进行大的维修和更新。本书的研究将住户部门生产范围扩展至包含所有住户部门的生产活动，既包括住户 SNA 生产，同时也包括住户非 SNA 生产。对于住户部门非 SNA 生产（如住户成员自己做饭、自有汽车提供的运输服务等），既然本书将住户此类无偿服务纳入到生产核算范围内，为此，住户成员所购买的电冰箱、微波炉等家用炊具以及汽车等交通工具应该作为固定资本形成来核算和登记。但是值得注意的是，住户成员自有汽车提供的运输服务并非完全用于生产活动，根据生产活动的定义及"第三方原则"，住户成员自有汽车提供的服务可能是用于旅游等休闲活动，为此在实际操作层面上，需要区分出自有汽车提供的运输服务在两类活动中各自所占的比例，从而来确定资本形成的规模。资本投资活动的经费来源主要有两个：一是住户部门自身在收入分配阶段所得可支配收入在用于最终消费支出后的剩余，即国民经济核算中的"储蓄"；二是来源于其他机构部门的资本转移，且主要是政府部门和为住户服务的非营利机构部门。资本转移与经常转移的性质相类似，都是某一机构单位无偿向另一机构单位提供货物、服务或资产。但是，资本转移往往与资本形成相联系，对住户部门生产能力的提升和延续有一定的影响，而经常转移则往往对住户部门的可支配收入形成影响，进而影响到住户部门的消费能力和水平。

当然，住户部门的"储蓄"和经常转移并不一定能够满足资本投资活动的需要，此时则需要进行金融交易，通过与银行、证券公司等金融机构单位进行金融交易来筹集所需资金，交易的方式主要是向银行贷款、卖出股票等有价票据等。资本投资活动后，如资金仍有剩余，住户部门同样会与其他机构部门进行金融交易，交易方式可以是银行存款、买入债券、买入股票等。

至此，通过上面对于住户部门在国民经济不同经济活动过程中主要经济交易项目的描述与界定，可以勾勒出住户部门在整个核算期内在不同阶段与其他机构部门之间的交易项目。

表2-5　住户部门在不同国民经济活动阶段与其他机构部门之间的交易项目

国民经济活动阶段	政府部门	非金融公司部门	金融公司部门	非营利机构部门
生产活动	生产税 生产补贴			
收入初次分配活动	雇员报酬 财产收入	雇员报酬 财产收入	雇员报酬 财产收入	雇员报酬
收入再次分配活动	经常转移 实物社会转移		经常转移	经常转移 实物社会转移
收入使用活动		最终消费支出	最终消费支出	
资本投资活动	资本转移	固定资本形成		资本转移
金融交易活动	股票以外的证券	股票以外的证券 股票与其他产权	股票以外的证券 股票与其他产权 通货和存款 贷款 保险专门准备金	

第四节　住户生产核算的核算原则

住户卫星账户的构建作为国民经济核算体系的重要组成部分，是对现行国民经济核算体系中心框架的补充和完善，试图全面反映和刻画住户部门核算期内在不同经济活动阶段所有经济交易的规模和流量。作为现行国民经济核算体系中心框架的附属组成部分，构建住户部门的卫星账户同样要遵循现有国民经济核算体系中的基本原则，以保持卫星账户与中心框架的一致性和延续性，这些基本的原则主要包括定价原则、时间原则和记账原则。

一 定价原则

住户生产核算是对住户部门核算期内所生产的各种货物和服务货币价值的综合核算，而不是仅对物量的简单核算。从简单的实物量数据转化为价值量数据，就必须研究住户生产核算中价格问题。

住户部门的生产不同于非金融公司部门和金融公司部门的生产，住户部门生产的货物和服务并非完全通过市场进行交易，而是相当部分的生产成果被住户部门内部自产自用了，如农民种的粮食、住户自建的房屋等，可称为住户部门非市场性生产，而那些通过与其他机构单位在市场上进行交易的产出则为住户部门市场性生产，如住户合伙企业、私营企业、个体工商户的生产等。

对于住户部门的市场性生产，我们可以通过市场交易认定其市场价格。所谓市场价格，是指市场上买卖双方认定的成交价格，它是货物或服务项目的单位价值表现，是连接不同单位之间交易的中间因素。住户部门的市场性生产既可能是货币交易，也可能是非货币交易，虽然在市场经济条件下，货币交易已经成为市场交易的主要形式，但在我国一些落后、贫穷地区的住户部门之间仍然存在着相当规模的非货币交易。住户生产核算原则上对货币交易按现期市场价格计量，也就是说，当我们记录的交易是以货币形式出现时，即货物或其他资产、服务、劳动或资本被用来交换现金时，则可以直接在相关账户中记录该交易。而对于非货币交易，我们无法认定其市场价格，此时我们可以间接地估算其价格，在市场上找一个同样的或类似的交易项目，以该市场价格为参照，再适当地考虑其批发与零售市场的差异、地区差异来对非货币交易进行估价。

对于住户部门的非市场性生产，我们则无法认定其市场价格，因为住户部门该部分生产并未通过市场而与其他机构单位进行交易，而是作为住户部门自身的消费品和投资品，前者如农民自产自用的粮食、住户无偿服务的生产等，后者如住户自建的房屋等。住户部门的非市场性生产可再分为住户自产自用的货物生产和住户自产自用的服务生产。对于住户自产自用的货物生产，我们可以从市场上寻找到与之类似的产品的市场价格作替代，比如说农民自产自用的粮食，我们可以将市场上粮食交易的市场价格作为其价值衡量的尺度。而对于住户自产自用的服务生产，主要是住户成员为其住户及其成员的最终消费而进行的服务生产，如房屋的清洁、做饭、打扫等生产活动，由于在市场上不存在与之类似的产品，故不能够采用准市场价格的方法来对其进行核算，而只能采用成本费用法来对其价值量加以核算，也就是以当时生产它们所需的成本额为基础，模拟出其市场价格，如以中间消耗、雇员报酬、固定资本消耗及生产税净额的总额来估计其价格。

二 时间原则

住户生产核算是对住户部门核算期内生产、消费、投资等一系列经济活动及其流量的综合核算。原则上，可选择任何一段时间作为核算期，但在具体核算过程中，我们通常采用国际上通用的做法，将核算期定为一年，以便于不同国家住户部门的核算成果进行国际比较，因为若选择的核算期太短，统计数据易受偶然因素的影响，核算期太长则不能充分描述经济中发生的变化，只有把经济现象的变化周期作为核算期才能避免季节性等偶然性因素影响。

为了客观、准确地核算出住户部门在整个核算期内的生产成果、收入、消费、投资等经济活动，参照 SNA2008 的建议，本书将采用权责发生制的原则来进行核算。权责发生制原则是指对经济活动中机构单位之间的交易按其债权债务发生的时间或生产活动中价值转移或新价值形成或取消的时间进行统计的原则。凡是本期实际发生的权益和债务的变化，都作为本期的实际交易加以核算，而不论款项是否在本期收付。住户生产核算遵循权责发生制原则的目的在于真实地反映住户部门该核算期内经济活动的投入产出及资产负债的变化。由于交易双方按同一时间进行记录，从而保证生产核算、分配核算、消费核算、投资核算的内在一致性。

在住户部门生产活动阶段，住户部门核算期内所生产的货物和服务应在产品创造时记录，对于不同类型的产品，可以采用市场价格法、准市场价格法和成本费用法来对其产出价值进行核算并加以记录。生产过程中所需的中间消耗应在原材料或辅料被使用时记录，不同于中间消耗价值转移的瞬时性，固定资本消耗产生于该固定资产用于生产目的的整个核算期，其价值转移流量取决于折旧率的大小，应在核算期末通过折旧率来进行分摊。

在住户收入形成、消费、投资活动阶段，住户部门的各项经济活动及其流量应在其所有权变更时作记录，而不是以住户部门实际获得收入、货物、服务、资产的日期为记录时间。比如说，住户部门在收入形成阶段应从政府部门获得一笔经常转移收入，但在现实实际中，这笔经常转移收入交易并未在该核算期内兑现，而是在下一个核算期内实现。考虑到这笔交易是发生在该核算期内的，理应按照权责发生制的原则，在这笔收入所有权发生变更时作记录，而不是以住户部门实际获得这笔收入作为记录的日期，否则将会扭曲住户部门在该核算期内的可支配收入总额，低估了住户部门的收入水平而夸大其在下一核算期内的收入水平。同样，为了准确地核算出住户部门的消费水平和投资水平，必须在住户部门购买产品、固定资产、股票、债券等金融产品的那一刻，在所购买产品、固定资产、股票、债券等金融产品所有权发生变更时进行记录，而不论交易双方的实物和货币是否即时收付。

三 记账原则

国民经济账户体系是国民经济核算体系的中心框架，是记录和反映国民经济活动及其流量、存量的重要工具。机构部门和单位之间的各种经济活动相互交织在一起，共同构成了整个国民经济活动。住户部门是国民经济总体的重要组成部门，在整个国民经济活动过程中，住户部门与其他机构部门进行着收入分配、消费、投资等一系列交易活动。若要对住户部门在核算期内的各种经济活动及其流量、存量进行客观、准确的记录，则须构建住户部门的核算账户体系，而适当的记账方法则是构建此账户体系的前提条件。

对一个单位或一个机构部门来说，国民经济核算如同工商会计一样是以复式记账的原则为基础的。也就是说，每一笔交易必须被记录两次，一次作为资源（或负债的变化），记录在账户的右端；另一次是作为使用（或资产的变化），记录在账户的左端；或者在账户的同一端记录两次，但两次的符号相反。在复式记账原则下，记录为资源或负债变化的交易总额和记录为使用或资产变化的交易总额一定是相等的，并可以通过这一点检查账户的平衡性。比如说，住户部门用现金购买了某公司的股票。这个交易在住户部门的账户中需要记录两次，一次是作为股票与其他产权记录在金融账户的资产方（左端），记录为金融资产的增加，另一次则以负值记录在金融账户的资产方（左端），记录为金融资产的减少。两笔记录的数额相等，但符号相反，保持了账户的一致性和平衡性。

在现实经济生活中，大部分交易是涉及两个交易者的，所以对同一个交易是由双方同时记账的，而每一方又都要进行复式记账，所以在国民经济核算体系中,每一个交易实际上都是被记录了四次,这就是所谓的"四式记账",比如,住户从政府部门获得一笔现金形式的社会福利,则有:在政府账户中该交易被作为使用记录在有关转移类项下,作为资产的负所得记录在货币和存款项下(均记录在账户的左方,但符号相反);在住户部门账户中,该交易被作为资源记录在转移项下,作为资产获得记录在金融账户的货币和存款项下(分别记录在账户的两端),具体的记录方式如表2-6所示。

表2-6　　　　　　　　　四式记账法的案例演示

住户部门的记录方式		政府部门的记录方式	
使用	资源	使用	资源
……	经常转移收入	经常转移支出	……
	社会福利	社会福利	
……	……	……	……
资产变化	负债变化	资产变化	负债变化
通货和存款(+)	……	通货和存款(-)	……
……	……	……	……

应该指出的是,即使是四式记账法也不足以反映交易者之间的流量关系(即不能回答该交易从谁到谁的问题),但很显然,四式记账有助于保证账户的平衡与一致,有利于构建住户部门生产核算的账户体系。

第三章 住户生产核算方法的设计

住户部门卫星账户的构建旨在全面反映住户部门核算期内所有经济活动的全貌，既包括生产活动的规模，也包括其在收入分配活动、收入使用活动、资本形成活动和金融交易活动中经济交易的流量。现行国民经济核算体系中心框架通过一系列的核算方法和手段，核算出国民经济总体及各机构部门核算期内各种经济活动的规模，并通过核算账户和核算矩阵的方式进行刻画和描述，并在此基础上延伸出相应的核算指标。同样，本书对于住户部门卫星账户的构建，仍然要遵循现行国民经济核算体系中的基本方法，依据住户部门自身的特点，设计出用于住户卫星账户构建的核算方法。

第一节 住户生产增加值的核算方法

经济活动是住户部门整个经济活动的起点，住户生产核算范围的界定决定了住户收入形成的来源以及消费和投资的对象，从某种程度上说，住户部门生产活动的核算是住户卫星账户构建的基础。本书研究中，住户部门生产活动的范围超越了现行国民经济核算体系中心框架中有关住户生产活动范围，不仅包括已经纳入到生产核算范围中的生产活动（住户 SNA 生产），同时也包括被排除在现有生产核算范围外的、完全满足经济生产活动内涵的生产活动（住户非 SNA 生产），考虑到住户非 SNA 生产活动的特殊性，其产出完全是用于住户及其成员自身最终消费，是一种自成一体的活动，几乎与市场没有任何联系。为了确保住户生产活动核算与其他经济活动核算之间的一致和均衡，首先需要对住户部门不同类型生产活动的增加值及其构成进行核算。

一 住户 SNA 生产增加值的核算方法

依据住户部门的生产活动是否被纳入到现行国民经济生产核算范围，

本书将住户部门的生产活动划分为住户 SNA 生产和住户非 SNA 生产。根据前面的研究，住户 SNA 生产活动主要包括：住户成员所拥有非法人企业的市场性生产活动、住户部门自产自用货物的生产、住户自有住户服务的生产、住户雇佣有酬雇员生产的自用服务生产。其中，住户成员所拥有非法人企业生产的目的主要是为了通过市场来进行交易，属于市场性生产活动；而住户部门自产自用货物的生产、住户自有住房的生产以及住户雇佣有酬雇员生产的自用服务生产是非市场性生产活动，属于自产自用的范畴。

在现行国民经济核算体系中，对于生产产出的核算主要包括三种方法：市场价格法、准市场价格法和成本费用法。市场价格法是指按照双方通过市场交易商定的价格来对产出进行核算，在国民经济核算过程中，市场价格是进行生产产出核算的主要依据。住户 SNA 生产中住户非法人企业所进行的生产主要是市场性生产活动，对于住户部门这部分生产活动的产出核算主要是采用市场价格法。对于住户部门自产自用货物的生产和住户自有住房的生产，由于其产出并没有通过市场进行交易而是供住户及其成员自身使用，无法通过市场价格法来对其产出进行核算，而是采用准市场价格法。所谓准市场价格法是指通过寻找市场上交易的该类产品的价格来虚拟估算没有在市场上交易的该类产品的价值，如对于住户自产自用粮食产出价值的估算，可以通过用市场上交易的同种类型粮食的价格来对自产自用部分粮食产出价值进行核算，由于现有租房市场相对比较完善，对于住户自有住房服务产出价值的核算，可以通过寻找租房市场上相似地段、装潢、户型的租赁价格来对该类型产出价值进行核算。对于住户雇佣有酬雇员生产的服务（如雇佣佣人、厨师、花匠等提供的服务），根据现行国民经济核算的惯例，对该类型服务生产过程中所产生的中间费用和固定资本消耗均忽略不计，其服务产出价值被视为与所付雇员报酬（包括住宿等实物报酬）相等。

总产出的价值核算是进行增加值核算的前提和基础，增加值等于总产出减去生产过程中所消耗的中间投入的价值，增加值是通过生产过程所新创造的价值，主要包括雇员报酬、生产税净额（生产税减去生产补贴）、固定资本消耗和营业盈余/混合收入。根据住户 SNA 生产中不同类型生产活动的特点，可以分别测算出各自的增加值及其构成。

表 3-1　住户部门不同类型生产活动总产出及其增加值的核算方法

住户 SNA 生产	总产出核算方法	增加值核算方法	增加值的构成
住户非法人企业生产	市场价格法：总产出 = 市场价格 × 产出数量	增加值 = 总产出 - 中间投入	雇员报酬、生产税净额、固定资本消耗、混合收入
住户自产自用货物生产	准市场价格法：总产出 = 类似产品价格 × 产出数量	增加值 = 总产出 - 中间投入	雇员报酬、生产税净额、固定资本消耗、混合收入
住户自有住房服务生产	准市场价格法：总产出 = 类似房屋租赁价格 × 产出数量	增加值 = 总产出 - 中间投入	生产税净额、固定资本消耗、混合收入
有酬雇员服务生产	雇员费用替代法：总产出 = 雇员报酬	增加值 = 总产出 - 中间投入	雇员报酬

二　住户非 SNA 生产增加值的核算方法

不同于住户 SNA 生产，住户部门的非 SNA 生产都是非市场性生产。按照现行国民经济核算的基本原则，对于非市场性生产产出的核算主要是采用准市场价格法和成本费用法来进行。准市场价格法是通过寻找市场上交易的类似产出的价格来对该类产出进行虚拟测算，而成本费用法是指用生产过程中所发生的总费用代替其总产出。根据前面对于住户生产核算范围的界定可知，住户非 SNA 生产活动是指住户成员生产的用于住户及其成员最终消费的服务生产，包括提供住房服务、提供食物、提供衣着、照料活动和志愿活动。不同于住户自产自用的货物生产（如自产自用粮食的生产），对于该部分自产自用货物产出价值的核算可以通过市场上类似产出的价格进行虚拟估算，住户非 SNA 生产由于自身生产的特点，我们无法从市场上寻找到合适的类似产出的价格，如住户成员自身照料小孩和老人的活动，虽然从形式上看与市场上托儿所与养老院提供的服务没有区别，但鉴于两者的生产过程差异较大，主要体现在托儿所与养老院提供的服务是一种规模生产，同时向多名儿童或老人提供服务，实现了生产的规模效应，生产效率相对较高，而住户成员自身提供的该类生产则不符合规模生产的特点，不适合采用市场上类似服务的价格来进行产出核算。为此本书采用成本费用法来对住户非 SNA 生产活动产出价值的核算，通过汇总住户此类服务生产过程中所发生的所有费用作为其总产出。

在住户非 SNA 生产活动过程中，投入的生产要素主要包括中间投入、固定资本以及住户成员的劳动力，发生的费用分别为中间消耗、固定资本消耗和雇员报酬，三者之和即为住户非 SNA 生产的产出价值。根据增加值的计算公式：增加值 = 总产出 – 中间投入，可以测算出住户非 SNA 生产的增加值 = 固定资本消耗 + 雇员报酬，与住户 SNA 生产增加值不同，由于采用的是成本费用法，通过用生产过程中发生的总费用替代总产出，为此住户非 SNA 生产增加值中并不包括营业盈余/混合收入这一项目。

通过上面对于住户 SNA 生产和非 SNA 生产产出价值及其增加值的核算探讨，不难发现，对于住户 SNA 生产产出及其增加值的核算，主要是从产出的角度出发，利用市场价格或准市场价格进行核算，故又称为产出法。而对于住户非 SNA 生产的产出及其增加值核算，主要是从生产过程投入的角度出发，汇总生产过程所发生的所有投入费用以替代总产出，故又称为投入法。产出法和投入法是国民经济核算中常用的两种产出价值核算方法，其应用的范围和条件是不同的，两者的核算思路和区别可通过表 3 – 2 得以体现。

表 3 – 2　　　　　　　　　产出法和投入法的核算思路

生产核算方法	核算思路
产出法	总产出 = 市场价格（或准市场价格） × 产品数量 　　　－ 中间消耗 　　　= 增加值 　　　－ 固定资本消耗 　　　－ 生产税 　　　+ 生产补贴 　　　= 营业盈余/混合收入
投入法	劳动价值 = 劳动时间 × 单位劳动时间价值 　　　+ 生产税 　　　－ 生产补贴 　　　+ 固定资本消耗 　　　= 增加值 　　　+ 中间消耗 　　　= 总产出（总费用）

利用产出法和投入法可以分别核算出住户 SNA 生产和住户非 SNA 生产的总产出，从总产出中扣除掉生产过程中的中间投入即得相应的增加值及其构成，住户 SNA 生产的增加值包括固定资本消耗、生产税净额、雇员报酬和营业盈余四个部分，而住户非 SNA 生产的增加值则包括固定资本消耗、生产税净额和雇员劳动力报酬，究其原因，主要是因为住户非 SNA 生产总产出的核算采用的是成本费用法，是以生产过程中发生的总成本/总费用替代总产出，实际上假定住户非 SNA 生产过程中不会形成营业盈余。通过将住户 SNA 生产和非 SNA 生产的总产出、中间消耗、增加值等相应交易项目进行有机汇总就可得出住户部门核算期内所有生产活动的总产出、中间消耗、增加值等交易项目的流量，而这正是本书构建住户部门卫星账户所要达到的目的。

第二节 住户非 SNA 生产不同投入的核算方法

不同于住户 SNA 生产活动，由于住户非 SNA 生产活动自身的特点，主要是采用成本费用法来对住户非 SNA 生产活动的产出及其增加值进行核算，即用住户非 SNA 生产过程中发生的总成本/总费用作为相应的总产出，并在此基础上进行增加值及其构成的核算。一般而言，在住户从事非 SNA 生产活动的过程中，主要包括三种生产要素的投入：劳动力、中间消耗和固定资本消耗。从理论上讲，只要能够分别核算出住户非 SNA 生产过程中这三种生产要素的货币价值，即劳动时间价值[①]、中间消耗和固定资本消耗，就可以核算出住户非 SNA 生产的总产出、增加值及其构成。为此，本书此部分主要是研究如何对这三种要素投入的价值进行核算。

一 住户非 SNA 生产劳动时间价值的核算

作为住户非 SNA 生产的重要投入，住户成员花费大量的个人劳动时间来从事供住户及其成员无偿消费的服务生产，如住户成员花费大量的时间来为住户成员做饭、照料小孩和老人、打扫房屋等活动。若要对住户非 SNA 生产的产出及其增加值进行价值核算，首先需要解决生产过程劳动

---

① 在本书中，劳动时间价值是指住户成员在非 SNA 生产中花费了个人时间，作为回报所应该获得的货币收入，与现行中心框架下的雇员报酬在内涵上是一致的。

时间价值核算的问题。此处的劳动时间价值与国民经济核算体系中心框架中的雇员报酬没有本质的区别，都是指劳动者在生产过程中提供劳动力这一生产要素，作为补偿所应获得的收入。在研究住户非 SNA 生产核算中之所以采用劳动时间价值，主要是考虑到在住户 SNA 生产过程中，住户成员主要是通过有偿劳动并获得相应的收入（即雇员报酬），其所获得的实际收入即被记录为相应的雇员报酬，而在住户非 SNA 生产过程中，住户成员提供的是无偿的劳动力投入，并未从产出中获得显性的收入，为此需要采用一定的核算方法来进行虚拟核算，故采用"劳动时间价值"这一名词以与"雇员报酬"加以区分。

1. 住户非 SNA 生产劳动时间的采集

在正式对住户非 SNA 生产劳动时间价值进行核算之前，首先需要获得住户成员在不同类型非 SNA 生产活动过程中所耗费的劳动时间，然后再采用相应的核算方法来估算劳动时间价值。国际上许多国家或机构定期或不定期地开展居民时间利用调查，获得了比较翔实的关于住户成员分配于不同类型活动时间的微观数据。众多学者利用各国居民时间利用调查的微观数据进行了不同方面的研究，获得了很多具有政策指导价值的研究成果。值得一提的是，居民时间利用调查所搜集的住户成员分配于各类非 SNA 生产活动的时间，为各国学者进行住户非 SNA 生产核算提供了坚实的数据基础。通过对住户非 SNA 生产的核算，可以全面反映各国住户部门核算期内所有生产活动规模。而且可以在此基础上通过对各国或地区国内生产总值进行补充以核算出真实的产出水平，便于产出水平的纵向比较和横向比较，补充和完善现有的国民经济核算体系。

相比于国际上其他国家或地区，我国开展居民时间利用调查则相对较晚。我国国家统计局为了完善社会统计工作，从时间利用的角度反映我国国民的生活模式和生活质量，探索无酬劳动的测量方法，专门于 2008 年 5 月在北京、河北、黑龙江、浙江、安徽、河南、广东、四川、云南、甘肃 10 省市开展了我国第一次居民时间利用调查，调查对象为抽中调查户中 15—74 岁的人口，调查户为 10 省市现有城乡住户收支调查网点的全部城镇国家样本和抽取的部分农村国家样本。这次调查通过详细记录调查对象一天的活动来反映各类人群的生活模式和行为方式，进而反映人们在日常生活中承担的不同责任和作用，尤其是使妇女无酬劳动获得测量与展现，这次调查第一次记录了我国城乡居民一天完整的生活模式，提供了大量丰富的、反映单个活动的数据与信息，如工作、学习、上网、娱乐、健身、做饭、交通活动等，揭示出人们日常生活的共性规律。同时为了保证调查结果的国际可比性，这次调查参照联合国和欧盟统计局的相关标准，将人的全部活动分为 9 大类、61 个种类和 113 个小类，并将最终的调查结果经整理分析后汇编成《2008 年时间利用调查资料汇编》①，为学者研究和社会政策研究提供了前所未有的信息数据。

表 3-3　　　　世界上主要国家开展时间使用调查的历史

国家	调查	调查类型	调查工具	数据收集方式
澳大利亚	1997 年时间使用调查	独立	全时日志；5 分钟间隔	留下；2 日志天
贝宁	1998 年时间使用调查	劳动力、收入和社会指标和教育问题调查中的单元	简化日志；62 项活动；15 分钟间隔	面对面会议访谈；1 日志天
加拿大	1998 年一般社会调查周期 12 时间使用调查	独立	全时日志；不限定时间间隔	计算机辅助电话会议访谈；1 日志天
芬兰	1999/2000 年时间使用调查	独立	全时日志；10 分钟间隔	计算机辅助面对面回忆访谈；2 日志天
危地马拉	2000 年全国生活条件调查	生活条件问题调查中的单元	程式化日志；22 项活动	面对面回忆访谈；1 日志天
印度	1998 年时间使用调查	独立	全时日志；60 分钟间隔	面对面回忆访谈；3 日志天
老挝共和国	1998 年支出和消费调查：时间使用单元	支出和消费调查中的单元	简化日志；21 项活动；30 分钟间隔	面对面回忆访谈；1 日志天
墨西哥	1998 年时间使用调查	独立	全时日志；不限定间隔	面对面回忆访谈；1 日志天
蒙古	2000 年时间使用调查	独立	全时日志；10 分钟间隔	留下和面对面回忆访谈；2—3 日志天

---

①　国家统计局社会和科技统计司：《中国人的生活时间分配：2008 年时间利用调查数据摘要》，中国统计出版社 2009 年版。

续表

国家	调查	调查类型	调查工具	数据收集方式
摩洛哥	1997/1998年全国妇女时间预算调查	独立	全时日志；不限定间隔	面对面回忆访谈；1日志天
尼泊尔	1998/1999年劳动力调查	劳动力调查中的单元	劳动力问卷中选定活动的程式化问题	面对面回忆访谈；最近7天内订定活动所花小时合计
新西兰	1998/1999年时间使用调查	独立	全时日志；5分钟间隔	留下；2日志天
尼加拉瓜	1998年生活水准计量研究调查（LSMS）	LSMS中的单元	程式化日志；22项活动	面对面回忆访谈；1日志天
阿曼	1999年度全国指标总体检测调查	住户收支调查中的单元	简化日志；23项活动；15分钟间隔	面对面回忆访谈和自报；1日志天
巴勒斯坦	1999/2000年时间使用调查	独立	全时日志；30分钟间隔	留下；1日志天
韩国	1999年时间使用调查	独立	全时日志；10分钟间隔	留下和回忆访谈；2日志天
南非	2000年时间使用调查	独立	全时日志；30分钟间隔	面对面回忆访谈；1日志天
瑞典	2000年时间使用调查	独立	全时日志；10分钟间隔	留下；2日志天
中国	2008年时间使用调查	独立	全时日志；0分钟间隔	留下和回忆访谈；2日志天

在日常生活中，住户成员每天从事不同类型的活动，分配于不同类型活动的时间也不相等。各国进行居民时间利用调查正是为了获得居民每天分配于不同类型活动的时间，从而刻画出不同类型住户成员的时间分配模

式。一般地，住户成员每天从事的活动可以分为生产活动和非生产性活动[①]，其中生产活动可以再分为 SNA 生产活动和非 SNA 生产活动，非生产性活动主要包括个人活动（如洗漱、吃饭、睡觉等）和休闲娱乐活动（如锻炼、社会交往等活动）。在各国进行住户成员时间利用调查过程中，时间调查日志是搜集住户成员时间分配的重要载体和工具，各个国家通过被调查对象自主填写或回访的方式来收集住户成员每天分配于不同类型活动的时间，日志表的时间段长短不尽相同（10 分钟、30 分钟等），我国国家统计局 2008 年开展的住户时间利用调查所设计的日志表的时间段为 10 分钟，被调查对象要记录每一十分钟时间段内其所从事的活动及其相关信息（如活动的地点、方式等）。实际上，住户成员每天从事的各种不同类型活动是连续的，住户成员从事某一项活动的时间可能不止十分钟，可能要跨越两个甚至多个时间段。再者，住户成员在同一时间段内可能从事不止一种生产活动，如住户成员在整理衣物的同时也在从事照料小孩的活动，这就产生了"同时活动"的现象，住户成员在每一十分钟时间段内同时从事上述两种活动，那么在时间调查日志中应该如何记录两种活动的时间？是分别记从事两种活动的时间为十分钟，还是按照某一比例来分配这十分钟？如果对于上述同时活动，分别记录整理衣物的时间为十分钟和照料小孩的时间为十分钟，这一记录方式最终会导致住户成员每天从事的所有活动的总时间超出 24 小时，这与住户每天只有 24 小时的时间限制是相矛盾的；如果采用比例分配法，将该十分钟按照某种比例分配给整理衣物和照料小孩，那么这一比例又该如何确定？什么样的比例是合理的？为了保证时间调查日志所获数据的合理性和科学性，在住户时间利用调查实际中，将住户成员同一时间段内从事的"同时活动"分为主要活动和次要活动，如上述住户成员在该十分钟时间段内同时从事整理衣物和照料小孩的活动，而照料小孩的活动通常是作为附属活动来进行，故应作为次要活动，所以记录时将该十分钟全部分配于整理衣物的活动，但为了真实反映实际情况，同时应列出同时从事的次要活动，即照料小孩，这样既保证了住户成员每天从事不同活动的总时间等于 24 小时，同时也达到了客观、真实反映住户每天从事的不同类型活动。

---

① 具体的活动分类可参见附录1。

表 3-4　　　　　　　　住户时间使用调查日志表范式

时间段	您正在做什么？（指正在从事的主要活动）	从事主要活动时您在哪里？（在表下活动地点中选填地点代码，如是交通活动，选填交通方式代码）	您同时还在做什么？（指从事主要活动时，您同时还在做的次要活动）	主要活动开始时与谁在一起？（画"√"标出，第5—8列可同时多选）			
				独自一人或与陌生人	家人			其他相识的人
					0—6岁	7—64岁	65岁及以上	
	1	2	3	4	5	6	7	8
4:00—4:10								
4:10—4:20								
4:20—4:30								
……								
至次日 3:50—4:00								

其中活动地点包括：①住所内（含他人住所）；②工作或学习场所；③大街、公园等公共场所；④银行、商店、邮局、医院、宾馆等公共服务场所；⑤餐馆、酒吧、茶馆、快餐店等餐饮场所；⑥电影院、歌舞厅、网吧、体育场馆等文体娱乐场所。其他场所交通方式包括：①步行；②乘骑自行（摩托）车；③乘公共交通工具；④乘驾小轿车；⑤乘驾其他机动车；⑥乘驾牛、马车等畜力车；⑦其他交通方式。

通过住户时间调查日志表，可以收集到不同类型住户成员每天分配于不同类型活动的时间，尤其是其每天分配于不同住户非SNA生产活动的时间。根据前面所述，若要全面反映和核算住户部门核算期内所有生产活动的成果，需要核算出住户非SNA生产的总产出及其增加值，而对于住户非SNA生产的产出及其增加值核算，由于其生产过程的自身特点，通常是采用成本费用法来进行核算。作为住户非SNA生产过程中的主要生产要素，对住户成员分配于不同类型非SNA生产活动的时间价值是测算住户非SNA生产过程总成本的重要步骤，而住户时间分配调查所获得的住户成员分配于不同类型非SNA生产活动的时间则为核算时间价值（即劳动力要素成本）提供了前提和基础。

2. 住户非 SNA 生产劳动时间价值的核算

通过住户时间利用调查，我们可以获取住户成员每天从事不同类型非 SNA 生产活动的时间，在此基础上，需要采取合适的方法来估算住户分配于不同类型非 SNA 生产活动的时间价值，以此来核算出住户非 SNA 生产过程中劳动力生产要素的成本和费用。对于住户非 SNA 生产劳动时间价值的测算，可以从两个不同的角度来进行阐述：从机会成本角度来看，住户成员从事非 SNA 生产劳动的时间减少了其从事市场有酬劳动的时间和机会，按照机会成本经济原理，住户成员分配于非 SNA 生产活动的时间价值等于其将同等时间分配于有酬市场劳动所获得雇员报酬；从另一个角度来看，住户成员通过自身亲自花费相应的时间来从事打扫房屋、提供食物、照顾老人和小孩等非 SNA 生产活动来生产相应的服务，而不是从市场上通过货币交易购买相应的服务或雇佣有酬雇员提供相应的服务（如家政人员提供的家政服务等），从而可认为住户从事非 SNA 生产活动的时间价值应该利用市场上相应服务的价格或家政人员的工资来进行核算。根据两种不同的角度所形成的核算住户非 SNA 生产活动时间价值的方法分别成为"机会成本法"和"市场替代费用法"，其中，市场替代费用法又可分为"综合替代费用法"和"分行业替代费用法"。综合替代费用法是指通过市场雇佣有酬雇员从事所有家务劳动，而不是仅仅从事单一的家务劳动，如既打扫房屋、做饭，也照顾老人和小孩，利用支付给此类有酬雇员的工资来核算住户成员从事非 SNA 生产劳动时间的价值；而分行业替代费用法则将住户从事的非 SNA 生产活动划分为各种单一的、专业性的活动，比如做饭属于餐饮业，而照顾老人和小孩属于卫生保健业，并且同时假定这些细分的活动都由市场上该行业受过专业训练的专业人员来完成，比如说餐饮业中的厨师、疗养院的护士等，在此方法中，住户成员从事的不同类型非 SNA 生产活动的劳动时间价值由市场上相应行业的专业人员的平均工资来测算。

在应用不同的方法来估算住户非 SNA 生产劳动时间价值的过程中，需要考虑以下问题：首先，机会成本法的应用是建立在一定的前提和假设的基础上，即住户成员能够自由地分配用于无偿劳动和有酬市场劳动的时间；其次，市场上能够随时提供有酬雇员劳动的机会且住户成员可以随时从市场上获得有酬工作的机会。在实际情形中，机会成本法所基于的两个假设通常是难以满足的，住户成员有酬劳动的时间通常是固定的或者不能由住户成员自主决定，而且住户成员并非能够随时从市场上获得相应的有酬工作的机会。同时，利用机会成本法来估算住户非SNA生产劳动时间的价值会导致不同职业或工资收入的住户成员从事同一类型非SNA生产活动时间价值的巨大差异，比如两个不同职业的住户成员（律师和维修工人），其花费同等的时间来从事照料小孩活动，如果采用机会成本来对两人从事该非SNA生产活动劳动时间价值进行核算，显而易见，由于律师的工资收入平均而言远远高于维修工人的工资收入，故测算的律师分配于照料小孩的劳动时间价值远远高于维修工人从事该项活动的劳动时间价值，这与事实情况是不相符的，而且律师从事非SNA生产活动的效率通常低于维修工人的效率，其劳动时间的价值反而远高于维修工人在该项活动上的劳动时间价值；对于市场替代费用法，虽然住户成员从事的打扫房屋、做饭、照料小孩等非SNA生产活动与雇佣家政人员从事的类似活动本质上是一致的，但考虑到市场上有酬家政人员通常是经过专业培训的，因此其从事非SNA生产活动的效率较高，如同样的做饭活动，住户成员可能需要花费1小时，而雇佣的家政人员可能只需要半小时即可完成，为此如果用市场有酬家政人员的工资水平来估算住户非SNA生产活动劳动时间价值某种程度上可能会高估其价值。

除此之外，在利用机会成本法或市场替代费用法估算住户非SNA生产活动劳动时间价值中，究竟是采用总工资还是净工资来进行虚拟核算是值得研究的问题，总工资和净工资的区别在于是否包括个人所得税和由单位或个人缴纳的社会保障缴款。在实际研究过程中，不同的研究学者对于采用哪种工资来估算住户非SNA生产的劳动时间价值观点不一，认为采用何种工资水平来测算取决于研究的目的，如果研究的目的是为了反映住户自身从事非SNA生产活动而节省的成本开支，则应采用总工资法来对住户非SNA生产的劳动时间进行核算，因为如果住户从市场上雇佣有酬雇员来从事相应的生产活动，则向有酬雇员支付的工资应是包括个人所得税和社会保障缴款的总工资；而如果研究的目的是为了核算住户可支配收入，则应采用净工资法，因为住户部门通过自己进行非SNA生产活动所获得的虚拟收入并不需要支付个人所得税和社会保障缴款。

通过上面对于不同住户成员从事非SNA生产活动劳动时间价值估算方法的比较和分析，可知机会成本法不适合用来对住户非SNA生产活动劳动时间价值进行估算，国际上已有的核算实践也很少采用该方法，而更多的是采用市场替代费用法。对于市场替代费用法，笔者认为应该采用总工资的形式来进行劳动时间价值核算，即劳动时间价值应包括社会保障缴款部分，这样不仅能够真实反映住户从事非 SNA 生产活动中所花费的劳动时间价值，同时通过在收入再分配阶段记录相应的社会保障缴款价值以达到账户之间的均衡，保证不同账户之间的一致性。为此，基于国内外学者已有的研究成果，并结合我国住户非 SNA 生产的特点，本书对综合替代费用法和分行业替代费用法进行了一定的改进，得到了改进后的综合替代费用法和分行业替代费用法。

①改进后的综合替代费用法。

该方法假定所有的住户非 SNA 生产都可以由市场上雇佣的保姆或钟点工来完成，住户成员在非 SNA 生产过程中所花费的个人时间的价值由所雇佣的保姆的平均工资来替代，具体的计算公式为：

$$HW = \sum_{j=1}^{n} T_j(W + m) \qquad (3-1)$$

式（3-1）中，HW 表示住户成员非 SNA 生产劳动的货币价值，W 表示市场上保姆的平均工资水平，而 T_j 则代表住户 j 在非 SNA 生产中所花费的总的时间，m 表示市场上雇主为保姆代缴的平均社会保险水平。

②改进后的分行业替代费用法。

该方法假定住户的非 SNA 生产被细分为若干分属于不同行业的活动，比如做饭属于餐饮业，而照顾老人和小孩属于卫生保健业，并且同时假定这些细分的活动都由市场上该行业受过专业训练的专业人员来完成，比如说餐饮业中的厨师、疗养院的护士等。在此方法中，住户个人时间的价值由市场上各行业专业人员的平均工资来替代，具体的计算公式为：

$$HW = \sum_{i=1}^{n} \sum_{j=1}^{m} T_{ij}(W_i + m_i) \qquad (3-2)$$

式（3-2）中，HW 表示住户成员非 SNA 生产劳动的货币价值，T_{ij} 表示住户 j 在生产无偿的 i 服务过程中所耗费的个人时间，W_i 则代表市场上从事 i 服务的专业人员的平均工资水平，m_i 表示市场上从事 i 服务的专业人员的平均社会保险水平。

二 住户非 SNA 生产中间消耗和固定资本消耗的核算方法

通过住户时间利用调查获得了住户成员平均每天分配于不同类型住户非 SNA 生产活动的时间，并利用综合替代费用法和分行业替代费用法可以估算出住户成员分配于住户非SNA生产活动的劳动时间价值,可以虚拟测算出住户非SNA生产过程中劳动力生产要素的货币价值。从住户非SNA生产活动过程来看,除了劳动时间生产要素之外,整个生产活动还伴随着一定的中间货物或服务的消耗以及作为固定资产价值的转移(即固定资本消耗)。为此,为了核算出住户非SNA生产活动的总产出及其增加值,除了需要对生产活动中劳动时间价值进行核算,同时还需要对生产过程中中间消耗和固定资本消耗的价值进行核算。

由于在现有国民经济核算体系中心框架下,住户部门非SNA生产活动并没有被纳入到现行国民经济核算范围之内,而本书所试图构建的住户卫星账户则包含了住户部门所有生产活动,不仅包括已被纳入到现行国民经济生产核算范围中的住户生产部分,同时也包括未被纳入其中的住户生产部分(即住户非SNA生产)。而实际上,住户部门非SNA生产活动并非完全与市场经济相脱离,住户部门在从事非SNA生产活动过程中仍然与市场经济发生着一定的联系,通过市场购买非SNA生产活动所需的各种货物和服务,如住户成员为其他住户成员烹饪食物从市场上购买的蔬菜、食品等原材料以及用于烹饪的家用电器(如微波炉、电磁炉、电冰箱等)。依据SNA2008中对于生产过程不同投入的定义,在住户成员烹饪食物的过程中,从市场上购买的蔬菜、食品等原材料的价值应该记录为住户该非SNA生产活动的中间消耗/中间投入,而从市场上购买的微波炉、电磁炉等小型家用电器,其使用特点满足固定资本的性质,通常能够重复使用几年,且其价值不是一次性的,而是逐年地转移到其所生产的产品中,为此应将其在非SNA生产过程中所消耗的价值记录为固定资本消耗。

而在现行国民经济核算体系中心框架下,由于住户非SNA生产活动并没有被纳入生产核算范围,其生产的总产出和增加值也未体现在国民经济生产账户中。对于住户非SNA生产过程中所购买的原料、燃料以及家用电器,在现行国民经济核算体系下是作为住户部门最终消费进行核算和记录。但考虑到本书所构建的住户卫星账户体系是涵盖了住户部门非SNA生产活动,为此需要对现行国民经济核算体系中的相关项目进行调整,主要是将现行国民经济核算体系下被记录为住户最终消费部分按照住户卫星账户框架体系的标准进行重新定义,将中心框架下记录的住户最终消费的货物和服务根据其在住户卫星账户体系中的用途划分为中间消耗、固定资本形成和最终消费三个部分,如住户部门核算期内所购买的用于烹饪食物的小型家用电器，应该将其记录为住户部门的固定资本形成，而不是最终消费；住户部门核算期内所购买的水果，如果是用来制作果汁等的原料，则应将其记录为中间消耗，如果是直接食用的，则记录为最终消费部分。为此，在核算住户非 SNA 生产过程中间消耗和固定资本消耗的过程中，应该按照产品在中间消耗、固定资本消耗和最终消费三个用途上进行分配。本书根据国际上通用的个人消费品分类标准（COICOP），将住户成员所购买的不同货物和服务按照不同的用途进行分类。（如表 3 – 5 所示）

表 3 – 5　　　　卫星账户体系下住户最终消费品的使用用途

个人消费品分类（COICOP）	商品	中间消耗	最终消费	资本形成
1	食品和非酒精饮料			
01.1.1	面包和谷物	×	×	
01.1.2	肉类食品	×		
01.1.3	鱼类食品	×		
01.1.4	牛奶、奶酪和鸡蛋	×		
01.1.5	油和脂肪	×		
01.1.6	水果	×		
01.1.7	蔬菜	×		
01.1.8	糖、果酱、蜂蜜、巧克力和糖果	×	×	
01.1.8.1	糖	×		
01.1.8.2	果酱	×		
01.1.8.3	巧克力		×	
01.1.8.4	糖果产品		×	
01.1.8.5	食用冰块和冰淇淋		×	
01.1.8.6	其他糖类食品	×		
01.1.9	未分类的其他食品	×		
01.2.1	咖啡、茶叶和可可	×		
01.2.2	矿泉水、软饮料和果汁		×	
	诸如此类			

在住户部门从事非 SNA 生产活动过程中，原先记录为现行国民经济

核算体系中心框架下的住户最终消费的货物和服务，其中部分货物和服务作为中间投入参与了住户非 SNA 生产过程。根据前文对于住户非 SNA 生产活动的分类，住户非 SNA 生产活动主要包括提供住房服务、提供食物、提供衣着、照料活动、志愿活动以及相应的交通活动，不同类型的非 SNA 生产活动中消耗了不同类型的货物和服务，如住户部门购买和使用的食品和非酒精饮料主要是用于提供食物生产活动、购买的用于维修住房的材料和服务主要是用于提供住户服务生产活动、购买的个人交通设备的燃料、维护和修理主要是用于交通活动等。为此根据不同中间投入产品的使用去向可以分别核算出不同类型住户非 SNA 生产活动过程中间消耗的价值，在此基础上将不同类型非 SNA 生产活动过程中间消耗的价值相汇总即可获得住户从事非 SNA 生产活动所消耗的所有中间投入的价值。（如表 3-6 所示）

表 3-6　　　　中间投入在不同非 SNA 生产活动中的分配

个人消费品分类	商品	住房服务(自住/租户)	提供食物	提供衣着	照料活动	交通活动
1	食品和非酒精饮料					
01.1.1	面包和谷物		×			
01.1.2	肉类		×			
01.1.3	鱼类		×			
01.1.4	牛奶、奶酪和鸡蛋		×			
01.1.5	油和脂肪		×			
01.1.6	水果		×			
01.1.7	蔬菜		×			
01.1.8	糖、果酱、蜂蜜、巧克力和糖果		×			
01.1.9	其他未分类的食品		×			
01.2.1	咖啡、茶叶和可可		×			
3	服装和鞋类					
03.1.1	服装材料			×		
03.1.3	其他服装材料和服装配件			×		
4	住房、水、电、气等燃料					
04.1.1	租客实际支付的租金	×				

续表

个人消费品分类	商品	住房服务（自住/租户）	提供食物	提供衣着	照料活动	交通活动
04.3.1	维护和修理房屋的材料	×				
04.3.2	维护和修理房屋的服务	×				
04.4.1	水的供应	×				
04.4.2	垃圾清理	×				
04.4.3	污水处理	×				
04.4.4	其他未分类的住房服务	×				
04.5.1	电力	×				
04.5.2	燃气	×				
04.5.3	液体燃料	×				
04.5.4	固体燃料	×				
5	家具、家用设备和日常维护					
05.1.3	家具和地毯等的修理	×				
05.2.0	家用纺织品	×				
05.3.2	小型家用电器	×				
05.3.3	家用电器的修理	×	×	×		
05.4.0	玻璃器皿、餐具和器皿	×				
05.5.2	小工具和杂件		×			
05.6.1	非耐用家居用品	×	×	×		
05.6.2	家庭服务	×	×	×	×	
7	交通					
07.2.1	个人交通设备的零配件					×
07.2.2	个人交通设备的燃料和润滑剂					×
07.2.3	个人交通设备的维护和修理					×
07.2.4	其他未分类的服务					×
9	娱乐和文化					
09.3.3	花园、植物和鲜花	×				
12	其他商品和服务					
12.1.3	其他电器和个人护理产品				×	
12.5.2	住房保险	×				
12.5.4	交通保险					×

根据上述的核算方法和思路，可以核算出住户非 SNA 生产过程中间消耗的价值。对于既用于住户非 SNA 生产中间消耗，也同时用于住户成员最终消费的货物或服务，应将住户所购买或使用的货物或服务中用于非 SNA 生产过程中间投入部分的产品价值记录为非 SNA 生产活动的中间消耗，而剩余的产品价值则相应记录为住户部门的最终消费。除了中间消耗之外，住户部门在从事非 SNA 生产活动过程中还使用一定的固定资产，如烹饪食物用的小型家用电器、提供交通服务使用的汽车等交通工具，作为对这些固定资产在使用过程中价值的损耗，应该计提固定资产折旧作为对其价值损耗的补偿（即固定资本消耗）。在现行国民经济核算体系中心框架下，住户部门在收入使用阶段所购买和使用的耐用消费品是作为其最终消费而被核算并记录，但在本书所研究的住户卫星账户体系下，这些耐用消费品应该全部或部分作为固定资本形成，如购买的汽车等个人交通工具、烹饪用的小型家用电器等。但需要注意的是，与上文对于住户非 SNA 生产活动过程中间消耗核算的处理类似，住户部门所购买的耐用消费品并非完全用于住户非 SNA 生产，如住户成员所购买的汽车，在其使用过程中，如果私人汽车所提供的交通服务是与非 SNA 生产活动相关的（如用于运输老人或小孩医院等照料活动、运输烹饪食物所需的原材料等），则应该将汽车在该过程中的价值损耗记录为固定资本消耗；如果住户成员所拥有的个人汽车所提供的交通服务是与个人旅游、休闲活动等个人活动相关的，则不应记录为固定资本消耗。为此，在核算住户非 SNA 生产过程固定资本消耗的价值时，应该按照一定的比例来进行核算，即利用相关固定资产折旧方法来对住户部门耐用消费品计提本核算期内的固定资产折旧，并将所计提的固定资产折旧价值乘以耐用消费品用于住户非 SNA 生产活动的比例即可获得住户非 SNA 生产过程固定资本消耗的价值。（如表 3-7 所示）

表 3-7　住户耐用消费品用于非 SNA 生产的比例及其对应的不同类型活动

住户主要耐用消费品	用于住户非 SNA 生产的比例（%）	提供住房	提供食物	提供衣着	照料活动	交通活动
家具、家用设备					
家具	100	×				

续表

住户主要耐用消费品	用于住户非 SNA 生产的比例（%）	提供住房	提供食物	提供衣着	照料活动	交通活动
地毯和其他覆盖物	100	×				
冰箱、冷藏箱和冷冻箱	100		×			
洗衣机、干衣机	100			×		
炊具	100		×			
加热器、空调	100	×				
清洗设备	100	×				
缝纫机和针织机	100			×		
交通工具						
汽车	30					×
摩托车	30					×
自行车	30					×
兽力车	40					×
通信工具						
电话和传真设备	3	×	×	×	×	
娱乐和文化工具						
接收、刻录、复制声音图像的设备	0					
摄像和摄影设备	0					
信息处理设备	*	×	×	×	×	
户外娱乐的耐用消费品	0					
乐器和室内娱乐耐用消费品	0					

至此，通过上文对住户非 SNA 生产过程中劳动时间价值、中间消耗价值和固定资本消耗价值核算方法的分析和研究，我们可以利用相应的数据和方法分别测算出住户非 SNA 生产过程中三种生产要素的价值（即生产成本），将核算出的劳动时间价值、中间消耗价值和固定资本消耗价值相汇总即可形成住户非 SNA 生产活动的总成本/总费用，由于住户非 SNA 生产的产出核算采用的是成本费用法，即利用生产活动中所消耗的总费用

替代总产出，为此上述三种价值的核算即为住户非 SNA 生产的总产出，从总产出中扣除掉中间消耗价值的部分即为住户非 SNA 生产的增加值，且增加值只包括劳动时间价值和固定资本消耗两部分。

第三节 住户生产核算账户的设计

住户卫星账户体系的构建旨在全面反映和刻画住户部门核算期内所有经济活动的全貌，包括生产活动、收入形成活动、收入使用活动、资本形成活动和金融交易活动。通过住户卫星账户体系的构建，可以从不同的角度来对住户部门的经济活动进行描述和分析，而核算账户和核算矩阵的构建则是实现这一目的的重要载体。

账户是国民经济核算的重要核算形式，也是进行住户生产核算的重要工具和方法。账户是这样的一种工具，它针对经济生活的某一方面，记录使用和资源或资产的变化和负债的变化或某一时点资产和负债的存量。住户生产核算中使用的账户从形式上看，与会计上使用的账户是一致的，形似 T 字形，左右分列，又称为 T 形账户。账户的左右两端分别为使用方（或资产方）和资源方（或负债与净值方），且左右两端的合计值相等。依据账户的复杂程度及其所反映的经济活动信息量的全面性，可将其分为简单账户和综合经济账户。

一 简单账户

简单账户记录和反映了经济总体或机构部门（单位）在某一国民经济活动阶段的交易活动及其流量。在不同的国民经济活动阶段，简单账户所记录的活动交易项目和流量是不相同的。从国民经济运行过程来看，生产创造财富、形成了收入，收入通过分配和再分配最终用于消费和资本形成与金融交易，国民经济活动包含了生产活动、收入分配和使用活动、资本形成活动和金融交易活动，国民经济的运行过程是由不同的经济活动构成的，如果将每一种经济活动都用一个简单账户的形式来记录和表示的话，可以反映出国民经济总体在不同国民经济活动阶段的经济交易和流量，与之对应地便会形成生产账户、收入分配和使用账户、资本形成账户和金融账户。为了更清晰地反映收入分配机制和收入使用情况，可将收入分配和使用账户再细分为收入初次分配账户、收入再次分配账户和收入使用账户。

简单账户既可以从宏观层次（经济总体）来构建，也可以在微观层次（机构部门）上应用。住户部门作为国民经济总体不可或缺的一部分，在整个国民经济活动过程中发挥了非常重要的作用。在生产活动阶段，住户部门不仅从事各类生产活动，同时也向其他机构部门的生产提供了生产过程所必需的劳动力和资本等因素，保证了国民经济生产过程的正常运行。在收入初次分配阶段，按照效率优先的原则，依据生产要素对生产过程和生产成果的贡献程度，住户部门获得了雇员报酬、财产收入作为对所提供劳动力、资本等生产要素的补偿。在收入再次分配阶段，为了缩小收入差距，体现公平原则，住户部门获得了来自其他机构部门的经常转移。在收入使用阶段，住户部门利用收入分配阶段形成的可支配收入，从市场上购买货物和服务来进行消费。在资本形成和金融交易阶段，住户部门将闲置的资金在金融交易市场上，通过购买股票、债券等的方式提供给需要资金来进行资本投资的其他部门，实现了资金资源的最优化配置。可见，住户部门参与了整个国民经济生产过程，并起到了不可替代的作用。

为了记录和刻画住户部门在不同国民经济活动阶段的活动类型与经济流量，则须构建住户部门在不同活动阶段的简单账户。按照国民经济活动阶段的活动次序，住户部门的简单账户依次为生产账户→收入初次分配账户→收入再次分配账户→收入使用账户→资本形成账户→金融账户。根据账户的结构和住户部门自身的特点，可形成住户部门简单账户的基本通式。

账户Ⅲ.1　　　　　　　　住户部门简单账户通式

使　用	来　源
使用项目	来源项目
使用总额	来源总额

账户Ⅲ.1 平衡式为：来源总额 = 使用总额

账户Ⅲ.1 仅仅是提供了住户部门简单账户的范式，在不同的国民经济活动阶段，账户范式中来源项目和使用项目是不同的，这取决于住户部门在各个活动阶段与其他机构部门之间发生的交易类型及其流量。比如，住户部门生产账户刻画的是住户部门在生产阶段所从事的生产活动的增加值，即住户部门生产总值。根据公式增加值＝总产出－中间消耗，可知住户部门生产账户的来源项目为总产出，而使用项目为中间消耗和增加值，来源总额等于使用总额。

二 综合经济账户

住户部门简单账户只是片面地反映了住户部门在某一国民经济活动阶段的活动总量，并不能完整地刻画出住户部门在整个国民经济运行过程中的经济活动及其流量。从住户部门所从事的各种经济活动来看，住户部门简单账户之间并不是相互独立，而是相互间存在着非常紧密的逻辑关系：一个账户的平衡项既是本账户的终点，同时也是下一个账户的起始点，平衡项是连接不同账户的重要桥梁。

除了金融账户外，住户部门的其他简单账户均有一个平衡项。生产账户的平衡项为增加值（总产出－中间消耗）；收入初次分配账户的平衡项为原始收入总额（雇员报酬＋营业盈余＋财产净收入）；收入再次分配账户的平衡项为可支配收入（原始收入总额＋经常转移净收入）；收入使用账户的平衡项为总储蓄（可支配收入－最终消费支出）；资本账户的平衡项为净借出/净借入（总储蓄＋资本转移净收入－资本形成）。可以看出，住户部门各简单账户间存在着紧密的逻辑联系，各活动之间并不是相互独立的，生产活动影响着收入的形成、收入多少影响着消费水平、消费影响着资本形成，层层相扣。正因为如此，才决定了将所有简单账户连接起来形成综合账户成为可能。

同时，住户部门简单账户中记录的交易流量只是一个汇总后的价值量，并没有详细地反映出某一交易项目的所有交易对象及其流量，比如说财产收入，在住户部门收入初次分配账户中仅仅记录了住户部门所获得的总的财产收入，但在实际经济运行中，住户部门所获得的财产收入既可能来自于政府部门（国债），也可能来自于非金融公司部门和金融公司部门（银行存款、股票和债券等），而在住户部门的收入初次分配账户中并未详细地细分出住户部门与不同交易对象的交易流量，无法解决核算中经济交易流量从谁到谁的问题。

基于住户部门简单账户无法直观地反映出住户部门整个国民经济活动中的经济活动，及其在全面刻画住户部门与不同机构部门之间经济交易及流量方面上的缺陷，借鉴 SNA2008 中有关账户构建的理论和方法，结合住户部门的基本情况，本书构建出住户部门的综合账户通式。

账户Ⅲ.2　　　　　　　住户部门综合账户通式①

账户	使用					经济交易项目	资源				
	①	②	③	④	⑤		①	②	③	④	⑤
生产账户											
收入初次分配账户											
收入再次分配账户											
收入使用账户											
资本形成账户											
金融账户											

注：账户Ⅲ.2 中的①—⑤分别表示住户部门、非金融公司部门、金融公司部门、政府部门和为住户服务的非营利机构部门。

通过住户部门综合账户，不仅可以全面地刻画出住户部门在整个国民经济活动过程中所有经济活动，同时也能够对每一笔经济交易的交易对象及其流量大小进行细化，相比于住户部门的简单账户，综合经济账户能够提供更多、更全面的信息，使我们对住户部门的活动全貌了解得更多、更深入。

第四节　住户生产核算矩阵的设计

一　生产核算矩阵

住户卫星账户体系中的生产核算是为了测算出住户部门核算期内所有经济生产活动的总产出及其增加值。通常情况下，住户卫星账户中所反映的经济流量是汇总后的数据，反映了整个住户部门的生产成果，提供了整

---

① 之所以将住户部门列入住户综合账户中，是基于这样的考虑：住户部门生产活动所形成的收入相当部分构成了住户可支配收入的组成部分，如雇员报酬、营业盈余和混合收入，与来自于其他机构部门的经济收入一起，共同形成了住户部门的可支配收入，因此，将住户部门列入综合账户显得非常必要。

体住户部门生产活动的基本面貌。而对于住户部门内部不同子部门及其在核算期内从事的不同产业或性质生产活动的增加值并未详细描述，这在某种程度上不能满足不同层析分析的需要。为此，根据SNA2008有关住户部门子部门划分原则的推荐，将住户部门按照收入最多的来源类型划分为雇主、雇员、自给劳动者、财产和转移收入者四个子部门，住户部门从事的生产活动按照行业标准划分为第一产业、第二产业、第三产业，住户部门从事的生产活动按照是否合法划分为非法、地下生产和合法、地上生产，再者，同一住户在核算期内其所归属的子部门类型可能会发生变化，如核算期初的雇主住户在核算期末可能会转变为雇员住户，为此需要对不同类型住户子部门核算期内的转变进行刻画。基于上述的原因，本书此处构建出住户部门生产核算矩阵的范式。

表3-8　　　　　　　　　住户部门生产核算矩阵通式

期初＼期末		住户				生产行业			期初住户存量
		雇主	雇员	自给劳动者	财产和转移收入者	第一产业	第二产业	第三产业	
住户	雇主	s_{11}	s_{12}	s_{13}	s_{14}	m_{11}	m_{12}	m_{13}	$S_{1.}$
	雇员	s_{21}	s_{22}	s_{23}	s_{24}	m_{21}	m_{22}	m_{23}	$S_{2.}$
	自给劳动者	s_{31}	s_{32}	s_{33}	s_{34}	m_{31}	m_{32}	m_{33}	$S_{3.}$
	财产和转移收入者	s_{41}	s_{42}	s_{43}	s_{44}	m_{41}	m_{42}	m_{43}	$S_{4.}$
生产	非法、地下					x_{11}	x_{12}	x_{13}	
	合法、地上					x_{21}	x_{22}	x_{23}	
期末住户存量		$S_{.1}$	$S_{.2}$	$S_{.3}$	$S_{.4}$				
核算期增加值						$X_{.1}$	$X_{.2}$	$X_{.3}$	

表中，行向量 $S^0 = (S_{.1} S_{.2} S_{.3} S_{.4})$ 表示期末住户存量，反映了各类住户在核算期末时的户数，列向量 $S^1 = (S_{1.} S_{2.} S_{3.} S_{4.})^T$ 表示期初住户存量，反映了各类住户在期初的户数。其中：

$S_{.1} = s_{11} + s_{21} + s_{31} + s_{41}$

$S_{1.} = s_{11} + s_{12} + s_{13} + s_{14}$

$S_{.1}$表示的是期末雇主住户的存量，$S_{1.}$表示的是期初雇主住户的存量。同样，$S_{.2}$、$S_{.3}$、$S_{.4}$分别表示的是期末雇员住户、自给劳动者住户、财产和收入转移者住户的存量，$S_{2.}$、$S_{3.}$、$S_{4.}$ 分别表示的是期初雇员住户、自给劳动者住户、财产和收入转移者住户的存量。

矩阵 $S = \begin{pmatrix} s_{11} & s_{12} & s_{13} & s_{14} \\ s_{21} & s_{22} & s_{23} & s_{24} \\ s_{31} & s_{32} & s_{33} & s_{34} \\ s_{41} & s_{42} & s_{43} & s_{44} \end{pmatrix}$ 反映了核算期内各类住户的转移变化情况，其主对角线上的元素表示核算期内住户性质并未发生变化的户数，如 S_{11} 表示核算期内一直保持雇主身份的户数；S_{22} 表示核算期内一直保持雇员身份的户数。非主对角线上的元素则反映核算期内各类住户从一种性质转变为另一种性质的户数，如 S_{12} 表示期初是雇主，期末转变为雇员的户数；S_{21} 表示期初是雇员，期末变为雇主的户数。其他元素的含义以此类推。

更进一步，若将矩阵的每一行元素与该行元素之和相比，可以得出核算期内各类住户的转移系数 γ_{ij}。

$$\gamma_{ij} = \frac{s_{ij}}{S_{i.}} \quad (i、j = 1, 2, 3, 4)$$

于是可得住户转移系数矩阵 $\gamma = \begin{pmatrix} \gamma_{11} & \gamma_{12} & \gamma_{13} & \gamma_{14} \\ \gamma_{21} & \gamma_{22} & \gamma_{23} & \gamma_{24} \\ \gamma_{31} & \gamma_{32} & \gamma_{33} & \gamma_{34} \\ \gamma_{41} & \gamma_{42} & \gamma_{43} & \gamma_{44} \end{pmatrix}$。本质上，矩阵 γ 可视为马尔科夫链中的一个转移概率矩阵，通过假设各类住户转移概率不变可以预测到未来时期住户的结构分布。

矩阵 $X = \begin{pmatrix} x_{11} & x_{12} & x_{13} \\ x_{21} & x_{22} & x_{23} \end{pmatrix}$ 反映了核算期内住户所生产的最终货物和服务的价值量，其中既包括正规经济生产，也包括非法、地下经济生产。矩阵的每一列向量分别表示三次产业中正规经济生产和非法、地下生产的增加值，如列向量 $(x_{11} \quad x_{21})^T$ 则表示住户部门所从事第一产业生产中的正规经济生产和非法、地下生产的增加值。

矩阵 $M = \begin{pmatrix} m_{11} & m_{12} & m_{13} \\ m_{21} & m_{22} & m_{23} \\ m_{31} & m_{32} & m_{33} \\ m_{41} & m_{42} & m_{43} \end{pmatrix}$ 反映了不同类型的住户部门核算期内所从事的不同产业生产的增加值。矩阵的每一行向量表示某一类住户所从事的三次产业生产的增加值，如行向量 $(m_{11} \quad m_{12} \quad m_{13})$ 表示雇主住户分别从事第一产业、第二产业和第三产业生产的增加值。

通过构建住户部门生产核算矩阵，不仅可以从总体上反映整个住户核算期内生产活动的增加值，同时也能够反映不同类型住户子部门核算期内从事的不同行业或性质生产活动的增加值。当然，本章此处构建的住户部门生产核算矩阵只是一基本范式，在实际核算过程中，可根据具体情况进行适当的变换，以适应不同的研究目的。对于住户部门的分类，可根据其所在地及其是否从事农业生产，将住户部门划分为农业住户部门和非农业住户部门；对于产业的分类，根据我国最新国民经济行业分类标准（GB/T 4754—2002），可将第一产业划分为农业、林业、牧业、渔业和农林牧渔服务业；第二产业划分为采矿业、制造业、建筑业和电力、燃气及水的生产和供应业；第三产业划分为交通运输、仓储和邮政业、信息传输、计算机服务和软件业、批发和零售业等。

二 投入产出矩阵

住户部门的生产与其他机构部门的生产过程相似，其生产过程中既有相应的投入，也伴随着一定产出，是一个完整的投入产出过程。从投入角度来看，住户部门核算期内从事的生产活动的投入产品中既包括来自于住户部门生产的货物和服务，同时还包括来自于住户部门外其他机构部门生产的以及从国外进口的货物和服务；从产出用途角度来看，住户部门生产的产品中既包括中间使用、最终使用部分，同时还包括用于出口的部分，其中中间使用部分既包括住户部门自身生产活动的中间使用，还包括用作其他机构部门生产活动中间使用的部分，最终消费主要包括住户部门的最终消费和政府部门的最终消费，固定资本形成部分既包括已被现行中心框架下定义为固定资本形成的部分，同时还包括住户卫星账户体系下固定资本形成部分（即住户部门为从事非 SNA 生产活动所购买或使用的耐用消费品）。为了准确、真实地反映核算期内住户部门生产活动投入的来源、产出的去向以及与其他机构部门之间的内在经济联系，本书根据生产投入产出表构建的基本范式和原理，设计出适用于住户部门生产活动的投入产出矩阵范式。本书根据国际主要产品分类，将整个住户部门生产活动分为住户 SNA 生产和住户非 SNA 生产，SNA 生产产出分为：①农业、林业、渔业产品；②矿石、矿物、电力、燃气和水；③食品、饮料和烟酒；④纺织品、服装和皮革品；⑤金属制品、机械和设备外可运输货物；⑥金属制品、机械及设备；⑦建筑和施工服务；⑧物流、交通及公用事业配送服务；⑨住宿、食品和饮料供应服务；⑩金融及相关服务、房地产服务、出租和租赁服务；⑪商业和生产服务；⑫社区、社会及个人服务。非 SNA 生产产出分为：①住房服务；②提供食品服务；③提供衣着服务；④照料服务；⑤志愿服务。

表 3-9　　　　　　　住户生产投入产出矩阵

投入＼产出	中间使用 住户部门 产出1	产出2	…	产出n	其他部门	最终使用 最终消费 住户部门	政府部门	固定资本形成 SNA	住户耐用消费品	出口	总产出
产出 1	X_{11}	X_{12}	…	X_{1n}	Z_1	C_{11}	C_{12}	K_{11}	K_{12}	E_1	U_1
产出 2	X_{21}	X_{22}	…	X_{2n}	Z_2	C_{21}	C_{22}	K_{21}	K_{22}	E_2	U_2
…	…	…	…	…	…	…	…	…	…	…	…
产出 13						$C_{13.1}$					U_{13}
产出 14						$C_{14.1}$					U_{14}
产出 15						$C_{15.1}$					U_{15}
产出 16						$C_{16.1}$					U_{16}
产出 17						$C_{17.1}$					U_{17}
中间投入：住户	$X_{.1}$	$X_{.2}$	…	$X_{.n}$							
中间投入：其他	Y_1	Y_2	…	Y_n							
中间总投入	I_1	I_2	…	I_n							
固定资本消耗	M_1	M_2	…	M_n							
雇员报酬	W_1	W_2		W_n							
生产税净额	T_1	T_2		T_n							
混合收入	B_1	B_2		B_n							
增加值	G_1	G_2	…	G_n							
总投入	P_1	P_2		P_n							

从横向上来看，每一行数据反映了不同产品的使用去向，包括中间使用和最终使用两部分，其中中间使用部分指该产品用于本产品以及其他产品产出的中间消耗部分，而最终使用部分包括最终消费、固定资本形成和出口三部分。对于每一产品部门，从横向上来看，存在着数量等式：中间使用 + 最终使用 = 总产出。

$$\begin{bmatrix} X_{11} & X_{12} & \cdots & X_{1n} \\ X_{21} & X_{22} & \cdots & X_{2n} \\ \cdots & \cdots & \cdots & \cdots \\ X_{n1} & X_{n2} & \cdots & X_{nn} \end{bmatrix} + \begin{bmatrix} Z_1 \\ Z_2 \\ \cdots \\ Z_n \end{bmatrix} + \begin{bmatrix} C_{11} & C_{12} & K_{11} & K_{12} & E_1 \\ C_{21} & C_{22} & K_{21} & K_{22} & E_2 \\ \cdots & \cdots & \cdots & \cdots & \cdots \\ C_{n1} & C_{n2} & K_{n1} & K_{n2} & E_n \end{bmatrix} = \begin{bmatrix} U_1 \\ U_2 \\ \cdots \\ U_n \end{bmatrix}$$

其中矩阵 $\begin{bmatrix} X_{11} & X_{12} & \cdots & X_{1n} \\ X_{21} & X_{22} & \cdots & X_{2n} \\ \cdots & \cdots & \cdots & \cdots \\ X_{n1} & X_{n2} & \cdots & X_{nn} \end{bmatrix}$ 的每一行反映了住户部门生产的不同类型产出中用于住户自身不同类型生产活动中间使用的部分，而向量 (Z_1 Z_2 $\cdots$ Z_n) 刻画的是住户部门生产产出中用作其他机构部门生产活动中间使用的部分。由于住户非 SNA 生产活动自身的特点，即住户从事非 SNA 生产活动的目的主要是为了满足住户及其成员最终消费而生产相应的服务，为此住户非 SNA 生产活动的产出用途是固定的、单一的，即供住户部门自身的最终消费。

从列向上来看，每一列数据反映了不同产品部门生产过程中所消耗的中间投入和最初投入（即增加值）。其中中间投入部分既包括来自本产品部门的产出，也包括来自其他产品部门的产出或者从国外进口的产品。为了区别，本书在设计住户部门生产投入产出表中，将来自于住户部门生产产出的中间投入记录为中间投入（住户），而将来自于其他机构部门生产的或从国外进口的中间投入统一记录为中间投入（其他），将两种不同来源的中间投入进行汇总即可获得住户部门不同类型生产活动过程中间投入的价值。住户部门生产最初投入部分（即增加值）通常包括固定资本消耗、雇员报酬、生产税净额和混合收入四部分，对于住户非 SNA 生产活动，由于采用的是成本费用法来核算核算期总产出及其增加值，为此住户非 SNA 生产活动最初投入不包括营业盈余/混合收入这一项目。对住户部门每一产品部门，从列向上看存在着如下数量等式：中间投入 + 最终投入 =

总投入。

$$\begin{bmatrix} I_1 \\ I_2 \\ \cdots \\ I_n \end{bmatrix} + \begin{bmatrix} M_1 & W_1 & T_1 & B_1 \\ M_2 & W_2 & T_2 & B_2 \\ \cdots & \cdots & \cdots & \cdots \\ M_n & W_n & T_n & B_n \end{bmatrix} = \begin{bmatrix} P_1 \\ P_2 \\ \cdots \\ P_n \end{bmatrix}$$

其中，I_i 表示住户部门某一产品生产活动过程中所消耗的总中间投入价值，从来源上看，总中间投入价值既包括来自于住户部门自身生产活动的产出，同时也包括来自于其他机构部门或从国外进口的货物和服务。矩阵 $\begin{bmatrix} X_{11} & X_{21} & \cdots & X_{n1} \\ X_{12} & X_{22} & \cdots & X_{n2} \\ \cdots & \cdots & \cdots & \cdots \\ X_{1n} & X_{2n} & \cdots & X_{nn} \end{bmatrix}$ 每一行元素之和表示住户部门某一产品生产过程中所消耗的来自住户部门自身生产产出的中间消耗部分，与 Y_i 共同构成了住户生产活动总的中间投入价值。根据增加值＝总产出－中间投入，不难发现，每一产品部门的总产出＝总投入。利用投入产出表第 I 象限的中间投入/中间使用数据，利用公式：

$$f_{ij} = \frac{X_{ij}}{P_j} \times 100\% \quad (i = 1, 2, \cdots, 12;\ j = 13, 14, \cdots, 17)$$

可以计算出住户部门不同非 SNA 产品部门的直接消耗系数矩阵，以反映住户部门非 SNA 生产与住户 SNA 生产之间的经济联系。同时，利用公式：

$$t_{i2} = \frac{K_{i2}}{U_i} \times 100\% \quad (i = 1, 2, \cdots, n)$$

可以测算出每一产品部门产出中用于住户部门耐用消费品的比例，以反映住户部门从事非 SNA 生产所投入的固定资产来源结构。根据不同年份的住户部门耐用消费品的数量及比例，可以对住户部门非 SNA 生产的规模进行预测。

三 收入形成矩阵

住户部门的收入问题是国民经济核算的重要问题，也是住户卫星账户体系所要重点反映的内容。按照不同经济活动的特点，国民经济活动主要包括生产活动、收入形成活动、收入使用活动、资本形成活动和金融交易活动。住户部门核算期内所获得的收入主要发生在生产活动和收入形成活动阶段，生产活动创造的增加值是构成住户部门收入形成的主要来源。在生产活动阶段，住户部门与其他机构部门一样，从事一定规模的生产活动，既包括住户SNA生产活动，也包括住户非SNA生产活动，住户部门生产活动形成的增加值构成了住户部门自身收入的来源。在住户SNA生产活动过程中，作为雇员的住户成员通过提供劳动力获得了劳动报酬，而作为住户非法人企业的所有者获得了混合收入；在住户非SNA生产过程中，虽然住户成员并没有获得任何货币或实物形态的雇员报酬，但按照国民经济核算的核算原则，需要对住户非SNA生产产出及其创造的增加值进行虚拟核算，从而虚拟核算出作为住户成员劳动时间投入补偿的劳动时间价值，并记录为住户成员通过非SNA生产活动所获得的"雇员报酬"。住户部门不仅作为雇员或非法人企业所有者参与到住户部门自身的生产活动，同时还作为雇员向其他机构部门的生产过程提供劳动力生产要素，作为回报，住户部门从其他机构部门生产活动创造的增加值中获得相应的劳动报酬，同样构成了住户部门的收入来源。

在收入形成阶段，住户部门通过不同的交易项目获得了相应的收入。为了区别住户在收入形成阶段按照不同的交易方式所获得的收入，将收入形成阶段分为收入初次分配阶段和收入再次分配阶段。在收入初次分配过程中，主要发生的是交换性交易，而在收入再次分配过程中，发生则主要是转移性交易。住户部门在收入初次分配过程中获得的收入项目主要是财产收入，财产收入由金融资产和有形非生产资产（主要是土地和地下资产）的所有者获得，当此类资产的所有者将其资产交由其他机构单位支配和使用时，就产生了财产收入，如住户成员通过购买股票、债券或到金融机构存款，将货币资金交由企业、政府、金融机构使用，作为回报，这些机构单位应该向住户部门支付一定的利息作为住户部门财产收入。当然，住户部门并未一味是财产收入的获得者，同时还可能是财产收入的支付者，如住户部门非法人企业由于资金短缺向银行等金融机构的贷款，作为回报，住户部门需要向这些机构支付一定的财产收入。为此，对于住户部门来说，其既是财产收入的获得者，也是财产收入的支付者，两者之间的差异构成了住户部门所获财产收入的净额。

在收入初次分配阶段，从收入形式上看，发生的收入项目可以分为现金转移和实物转移。住户部门作为收入的支付者在此阶段需要向政府部门支付相应的所得、财产等经常税，向政府部门或金融机构部门支付一定的社会缴款（如失业保险、医疗保险等）；作为收入获得者，住户部门获得相应的基于所缴纳社会缴款的社会福利。此外,住户部门还可能获得一定的实物转移,虽然从货币形式上看,住户部门所获得实物转移并没有增加住户部门的收入,但从实际效果上来看,住户部门所获实物转移与住户部门通过市场购买一定的货物和服务是等价的,为此需要对住户部门所获实物转移价值进行虚拟核算,并记录为住户部门的收入。在实际生活中,住户部门所获实物转移主要来自于政府部门和非住户部门服务的非营利机构部门,如政府部门或为住户部门服务的非营利机构部门向灾区住户无偿提供的食品、衣物和医疗服务等。

至此,通过生产阶段和收入形成阶段,住户部门获得或支出了相应的收入并最终形成了住户部门的可支配收入。为了刻画和描述住户部门在不同阶段与不同机构部门之间发生的收入交易,本书构建出用于反映住户部门可支配收入形成过程的核算矩阵。

从表3-10中可以看出,在生产阶段,行向量(x_{11} x_{12} … x_{15})反映了住户部门分别从自身生产及其他机构部门所获得的雇员报酬收入,将向量中的每一个元素与该向量中所有元素之和相比,可得住户部门所获雇员报酬的来源结构系数。x_{21}反映了住户部门通过住户非SNA生产活动所获得的作为劳动时间补偿的劳动时间价值。除了雇员报酬外,住户部门还从自身的生产获得混合收入。表中$X_{1.}$、$X_{2.}$和$X_{3.}$分别表示住户部门在生产阶段所获雇员报酬、劳动时间价值和混合收入总额,其中$X_{1.} = x_{11} + x_{12} + x_{13} + x_{14} + x_{15}$,$X_{2.} = x_{21}$,$X_{3.} = x_{31}$。[①]

在收入初次分配阶段,财产收入是这一阶段收入的主要形式,财产收入具有双向性,住户部门既是财产收入的获得者,从其他机构部门获得相应的财产收入,也是财产收入的支付者,向其他机构部门支付相应的财产收入。

向量(p_{12} p_{13} p_{14} p_{15})反映了住户部门作为财产收入获得者从其他机构部门所获得的财产收入;向量(p_{22} p_{23} p_{24} p_{25})反映了住户部门作为财产收入支付者支付给其他机构部门的财产收入;而向量(p_{32} p_{33} p_{34} p_{35})则反映了住户部门在收入初次分配阶段所获得的财产收入净额。其中:

[①] 住户部门所获混合收入只来自于住户部门自身的生产,主要是住户非法人企业的生产,在生产活动阶段,从其他机构部门获得的只是作为劳动力补偿的雇员报酬。同样,住户部门所获得劳动时间价值专指住户部门在其非SNA生产过程中所获得的作为劳动时间补偿的劳动时间价值。

表 3-10　　　　　　　　　住户部门的收入来源构成

活动阶段	收入来源\\收入类型		住户部门	非金融公司	金融公司	政府部门	非营利机构	合计
生产阶段	雇员报酬（SNA 生产）		x_{11}	x_{12}	x_{13}	x_{14}	x_{15}	$X_{1.}$
	劳动时间价值（非 SNA 生产）		x_{21}					$X_{2.}$
	混合收入		x_{31}					$X_{3.}$
收入初次分配	财产收入	资源		p_{12}	p_{13}	p_{14}	p_{15}	$P_{1.}$
		使用		p_{22}	p_{23}	p_{24}	p_{25}	$P_{2.}$
		净额		p_{32}	p_{33}	p_{34}	p_{35}	$P_{3.}$
收入再次分配	现金转移	资源		c_{12}	c_{13}	c_{14}	c_{15}	$C_{1.}$
		使用		c_{22}	c_{23}	c_{24}	c_{25}	$C_{2.}$
		净额		c_{32}	c_{33}	c_{34}	c_{35}	$C_{3.}$
	实物转移	资源		d_{12}	d_{13}	d_{14}	d_{15}	$D_{1.}$
		使用		d_{22}	d_{23}	d_{24}	d_{25}	$D_{2.}$
		净额		d_{32}	d_{33}	d_{34}	d_{35}	$D_{3.}$
	净额合计		Y_1	Y_2	Y_3	Y_4	Y_5	

注：表中数值下标的右边数字代表住户部门收入来源部门，如 x_{12} 中下标 2 表示非金融公司部门，x_{12} 表示住户部门从非金融公司部门所获得的雇员报酬。在收入初次分配和再次分配阶段，住户部门不再是单向地从其他部门获得相应的收入，同时也作为收入支付者向其他机构部门支付相应的收入，如 p_{12} 表示的是住户部门作为收入者从非金融公司部门所获得的财产收入，构成了住户部门的来源；p_{22} 表示的是住户部门作为收入支付者向其他机构部门支付的财产收入，形成了住户部门的收入使用；而 p_{32} 则表示住户部门从非金融公司部门所获得的财产收入净额，即 p_{12} 与 p_{22} 的差额。对于现金转移和实物转移项目，其数字代表的含义与财产收入是相同的。

$$P_{1.} = p_{12} + p_{13} + p_{14} + p_{15}$$
$$P_{2.} = p_{22} + p_{23} + p_{24} + p_{25}$$
$$P_{3.} = p_{32} + p_{33} + p_{34} + p_{35}$$

利用公式：

$$\beta_{1j} = \frac{p_{1j}}{P_{1.}} \quad (j = 2, 3, 4, 5)$$

可得住户部门所获作为资源的财产收入的来源结构系数（β_{12}　β_{13}　β_{14}　β_{15}）。类似的，可以得到住户部门所支付的财产收入及其所获财产收入净额的结构系数。

在收入再次分配阶段，经常转移是主要的收入再分配项目，经常转移既有现金转移，也包括实物转移，类似于财产收入，经常转移同样具有双向性，住户部门既作为转移接受者获得来自于其他机构部门的经常转移，同时也作为转移支付者向其他机构部门支付经常转移。

向量（c_{12}　c_{13}　c_{14}　c_{15}）反映了住户部门作为转移接受者所获得的来自其他机构部门的现金转移；向量（c_{22}　c_{23}　c_{24}　c_{25}）反映了住户部门向其他机构部门所支付的现金转移；获得与支出的差额就形成了住户部门的现金转移净额，即向量（c_{32}　c_{33}　c_{34}　c_{35}）。

类似的，向量（d_{12}　d_{13}　d_{14}　d_{15}）反映了住户部门所获得的来自其他机构部门的实物转移收入；向量（d_{22}　d_{23}　d_{24}　d_{25}）反映了住户部门向其他机构部门所支付的实物转移收入；而向量（d_{32}　d_{33}　d_{34}　d_{35}）则反映了核算期内住户部门所获得的实物转移收入净额。将向量中的元素与该向量所有元素之和相比，可得相关结构系数，通过公式：

$$\lambda_{1j} = \frac{d_{1j}}{D_{1.}} \quad (j=2, 3, 4, 5)$$

可得住户部门所获实物转移收入的来源结构系数（λ_{12}　λ_{13}　λ_{14}　λ_{15}），同样可以得到住户部门所支付实物转移收入的机构系数以及其所获实物转移收入净额的结构系数。

向量 $\begin{pmatrix} x_{12} & x_{13} & x_{14} & x_{15} \\ p_{32} & p_{33} & p_{34} & p_{35} \\ c_{32} & c_{33} & c_{34} & c_{35} \\ d_{32} & d_{33} & d_{34} & d_{35} \end{pmatrix}$ 综合反映了核算期内住户部门所获得的来自其他机构部门的不同类型收入净额，构成了住户部门调整后可支配收入的重要组成部分。将现金转移净额向量中的元素与实物转移净额向量中的对应元素相加即可得到核算期内住户部门所获得的经常转移净额向量。利用公式：

$$\begin{pmatrix} x_{12} \\ x_{13} \\ x_{14} \\ x_{15} \end{pmatrix} + \begin{pmatrix} p_{32} \\ p_{33} \\ p_{34} \\ p_{35} \end{pmatrix} + \begin{pmatrix} c_{32} \\ c_{33} \\ c_{34} \\ c_{35} \end{pmatrix} + \begin{pmatrix} d_{32} \\ d_{33} \\ d_{34} \\ d_{35} \end{pmatrix} = \begin{pmatrix} Y_2 \\ Y_3 \\ Y_4 \\ Y_5 \end{pmatrix}$$

可以得到核算期内住户部门从其他不同机构部门所获得的收入总额,如 Y_2 表示住户部门从非金融公司部门所获得的收入总额,其中包括雇员报酬、财经收入净额、现金转移净额和实物转移净额。通过公式:

$$\omega_j = \frac{Y_j}{\sum_{j=1}^{5} Y_j} \quad (j=1, 2, \cdots, 5)$$

可以得到核算期内来自不同机构部门的收入总额占住户部门调整后可支配收入的比重,从中可以看出,住户部门最终形成的调整后可支配净收入中分别有多少来自于自身、非金融公司部门、金融公司部门、政府部门和为住户服务的非营利机构部门。

第四章　住户非 SNA 生产差异及其影响因素

住户部门作为国民经济总体的机构部门之一，其从事的生产活动及其产值在整个国民经济生产核算中占有重要的地位。国民经济生产核算的重要任务在于客观真实地测算出一个国家或地区核算期内所有经济生产活动的成果，并通过国内生产总值（GDP）这一重要指标进行刻画，以便于不同国家或地区整体经济发展水平的横向比较。然而，综观国内外国民经济核算实务工作来看，由于住户非 SNA 生产市场化程度较低及其自身相关数据不易获得等原因，在实际核算工作中，住户部门该部分的生产并没有被纳入生产核算范围并体现在 GDP 中，这就提出了一个疑问：GDP 作为不同地区、不同国家进行综合实力比较的重要指标是否真实、可信？原因在于，不同国家或地区的经济发展水平和市场化程度往往存在较大的差异，经济发展水平和市场化程度越高，住户非 SNA 生产的规模相对较小，反之则较高。Basque Statistics Office （Eustat） 通过研究发现，住户部门非 SNA 生产在整个国民经济生产中占有很大的比重，2003 年这一比重为 32.8%，1993 年和 1998 年分别为 49.1%、38.5%，虽然所占比例呈现出下降趋势，但从绝对程度来看，住户非 SNA 生产所占 GDP 的比重很大。可以看出，若忽略住户部门非 SNA 生产的核算，将无法真实客观地测度出一国或地区核算期内的生产成果，弱化了 GDP 作为国际比较和地区间比较重要指标的可信度。

同时由于住户非 SNA 生产的主要承担者是住户中的女性成员，非 SNA 的 2/3 是由女性成员所生产（Oli Hawrylyshyn，1976），且这一比例有持续上升的趋势。从福利经济学的角度来看，住户自产自用的非 SNA 生产与其他 SNA 生产核算范围内的货物和服务在本质上是一致的，都给住户及其成员带来了经济效用，住户福利经济水平的测度理应包括住户非 SNA 部分。但由于种种原因，SNA2008 将住户非 SNA 生产排除在生产核算范围之外，这无疑在某种程度上否定了女性住户成员为住户及其他住户成员乃至整个经济发展所做出的巨大贡献，这与 1995 年在北京召开的联合国第四届世界妇女大会所颁布《行动纲领》中提出的"为了正确评估女性的经济贡献，各国政府统计机构应该改进非 SNA 的计量方法，将其价值反映在官方核算数据中"号召是不相融的。不仅如此，忽略住户非 SNA 生产的核算，将不利于准确测度住户福利乃至整个经济社会福利水平的测度。

不难看出，住户非 SNA 生产核算在国内生产总值核算、提升女性地位和经济福利测度方面均具有重要的应用价值，也越来越成为国内外机构和学者研究的重要课题。住户非 SNA 生产核算的重要内容是核算出住户非 SNA 生产总值，从货币价值的角度来对非 SNA 生产的最终成果进行核算。鉴于住户非 SNA 生产的特殊性，对于非 SNA 生产的价值核算一般采用投入法，即通过汇总测算生产过程中所投入的时间价值、中间消耗和固定资产消耗作为非 SNA 产出的价值，而时间投入要素作为住户非 SNA 生产过程重要的投入要素，住户分配于非 SNA 生产过程中的劳动时间长短从某种程度上可以反映不同类型住户成员非 SNA 生产的规模差异。

在住户卫星账户体系，住户非 SNA 生产活动主要包括提供住房服务、提供食物活动、提供衣着活动、照料活动和志愿活动，在不同类型住户非 SNA 生产活动中，住户成员花费了大量的个人劳动时间，可以说住户非 SNA 生产是一种劳动密集型生产，其生产过程中消耗了住户成员大量的劳动时间，为此，从操作层面上，可以从时间投入的视角利用住户成员在非 SNA 生产过程中分配的劳动时间来测度住户非 SNA 生产的规模差异。对于不同类型的住户成员，由于其自身的经济状况、家庭结构等方面存在着较大的差异，其在不同类型住户非 SNA 生产活动上的时间分配总量和结构呈现出不同的特点。基于住户非 SNA 生产的重要性以及住户成员从事非 SNA 生产的时间分配差异，本书分别利用我国国家统计局 2008 年首次进行的居民时间利用调查数据和美国 2012 年居民时间利用调查数据，从时间投入的视角，实证分析了不同类型住户非 SNA 生产的时间差异及其影响机制。

第一节 我国的经验分析——基于 CTUS 微观数据

由于地区经济社会文化因素、家庭结构等因素的影响，不同地区不同类型的住户及其成员所从事的非 SNA 生产呈现出明显的差异。经济社会发展水平越高、家庭总抚养比越低，则住户从事的非 SNA 生产相对越少，反之，则越高。考虑到目前无法获得我国住户非 SNA 生产过程中非时间投入要素（中间消耗和固定资本消耗）的相关数据，从而无法利用投入法来对住户的非 SNA 生产价值进行测算并进行比较，以此反映住户非 SNA 生产的差异程度。住户时间投入作为住户非 SNA 生产的主要投入要素，从某种程度上来说，仅仅依据住户非 SNA 生产的时间投入要素数据来进行差异研究可以在很大程度上反映住户非 SNA 生产价值的差异。基于此，本书此部分拟从非 SNA 生产时间投入要素即花费在非 SNA 生产过程中的时间投入来对我国不同类型住户非 SNA 生产的现状及其差异进行研究。

表 4-1　　　　　澳大利亚等国住户时间利用调查实践

国家	调查时间	调查工具	数据收集方式
澳大利亚	1997 年	全时日志（5 分钟间隔）	留下，2 日志天
加拿大	1998 年	全时日志	电话回忆访谈，1 日志天
芬兰	2000 年	全时日志（10 分钟间隔）	电话回忆访谈，2 日志天
印度	1998 年	全时日志（60 分钟间隔）	面对面回忆访谈，3 日志天
墨西哥	1998 年	全时日志	面对面回忆访谈，1 日志天
蒙古国	2000 年	全时日志（10 分钟间隔）	面对面回忆访谈，3 日志天
摩洛哥	1998 年	全时日志	面对面回忆访谈，1 日志天
新西兰	1999 年	全时日志（5 分钟间隔）	留下，2 日志天
巴勒斯坦	2000 年	全时日志（30 分钟间隔）	留下，1 日志天
韩国	1999 年	全时日志（10 分钟间隔）	留下和回忆访谈，2 日志天
南非	2000 年	全时日志（30 分钟间隔）	面对面回忆访谈，1 日志天
瑞典	2000 年	全时日志（10 分钟间隔）	留下，2 日志天

资料来源：联合国经济和社会事务部统计司：《编制时间使用统计指南：计量有酬和无酬工作》，联合国出版社 2007 年版。其中，调查工具栏中的"全时日志"指的是用于记录住户成员一天 24 小时所进行的所有活动及其所花费的时间的表格。数据收集方式下的"留下"指的是让被调查者自己填写日志表，要求他们随着时间推移在日志中将他们的活动及其所花费的时间记录下来；回忆访谈是指访谈员通过电话或面对面的方式，询问并记录被调查人的时间使用情况。

住户非 SNA 生产时间投入数据主要来源于时间利用调查，时间利用调查（Time Use Survey, TUS）开始于 20 世纪 20 年代，发展成熟于 20 世纪中后期，是研究人们生活方式、反映生活质量的重要手段。美国、澳大利亚、加拿大、日本等发达国家相继进行过本国的居民时间利用调查并获得了翔实的居民时间分配数据。国外的研究机构和学者共享时间利用调查数据并进行科学研究，取得了大量具有理论意义和现实价值的研究成果，为推动居民时间分配理论与实践做出了巨大的贡献。目前，时间利用调查逐渐由发达国家向发展中国家推广并实施，我国国家统计局于 2008 年 5 月在北京、河北、黑龙江等十个省市开展了我国第一次居民时间利用调查，详细记录调查对象一天的活动以此来反映各类人群的生活模式和行为方式，进而反映人们在日常生活中承担的不同责任和作用，尤其是使妇女无酬劳动获得测量与展现。此次调查所获数据详细地记录了我国不同类型住户分配于非 SNA 生产中的时间，本书正是基于此次住户时间利用调查数据来对我国住户非 SNA 生产进行实证性研究。

一　我国住户非 SNA 生产的总体差异

时间作为一种稀缺的生产资源，其使用和分配模式受到人口、家庭、经济和社会等诸多方面因素的影响，不同类型的住户及其成员花费在非 SNA 生产上的时间同样受到上述因素的影响。为了分析的需要，笔者此处利用我国居民时间利用调查数据，将住户成员按照收入水平、年龄、婚姻状况、教育程度以及工作场所与住所、性别以及工作时间七个标准进行划分，定量地研究了不同类型住户成员非 SNA 生产活动时间的差异，从时间投入的角度来研究住户非 SNA 生产规模的差异程度。

表 4-2　　我国住户非 SNA 生产的时间投入及参与率（分钟）

不同类型		男性				女性			
		工作日		休息日		工作日		休息日	
收入水平	500—1000 元	128	65%	158	69%	233	94%	273	95%
	1000—2000 元	125	68%	177	73%	212	93%	284	96%
	2000—5000 元	112	65%	184	77%	178	90%	290	95%
	5000—10000 元	93	59%	178	78%	176	91%	293	90%
	10000 元以上	109	50%	159	80%	225	82%	301	100%

续表

不同类型		男性				女性			
		工作日		休息日		工作日		休息日	
年龄分组	15—24 岁	77	34%	118	47%	159	56%	197	71%
	25—34 岁	114	59%	177	67%	230	91%	294	94%
	35—44 岁	114	66%	170	72%	217	96%	277	97%
	45—54 岁	113	65%	161	73%	246	97%	283	98%
	55—64 岁	157	73%	178	75%	307	97%	306	97%
	65—74 岁	185	79%	184	78%	289	95%	285	95%
婚姻状况	未婚	86	36%	123	50%	108	53%	171	70%
	有配偶	128	67%	172	73%	249	96%	290	97%
	丧偶	166	75%	181	82%	285	95%	280	95%
	离婚	148	75%	190	78%	230	96%	286	97%
教育程度	小学	132	61%	144	63%	267	96%	272	96%
	初中	128	62%	152	66%	258	93%	276	94%
	高中	127	64%	172	72%	234	88%	290	93%
	大学	119	67%	199	80%	177	87%	294	93%
工作距离	在家工作	196	77%	198	77%	334	97%	326	97%
	1—3 公里	107	62%	158	69%	190	90%	256	92%
	3—5 公里	98	60%	169	72%	158	84%	260	90%
	5—10 公里	100	60%	175	72%	151	83%	255	90%
	10 公里以上	92	53%	165	66%	127	74%	249	84%

资料来源：国家统计局《2008 年时间利用调查资料汇编》，笔者自行整理。其中住户非 SNA 生产时间投入数据采用的是参与者平均时间，即用于住户非 SNA 生产的总时间除以参与者总人数所得，参与率是指参与住户非 SNA 生产的人数占被调查总人数的比重。

从表 4-2 中数据可以看出，受我国长期的"男主外、女主内"传统思想的影响，女性住户成员从事非 SNA 生产的时间高于男性住户成员所花费的时间，女性成员非 SNA 生产活动的参与率明显地高于男性，是住户非 SNA 的主要生产者。无论男性和女性住户成员，其在工作日从事非 SNA 生产的时间均少于其在休息日所花费在非 SNA 生产上的时间，这主要是由于住户成员在工作日更多地将时间要素投入到有偿的市场生产活动中以获得货币收入，作为从市场活动中获得住户非 SNA 生产之外的产品的收入来源。

二 分类型住户非 SNA 生产的差异研究

考虑到不同类型住户在个人时间分配模式中存在着显著的差异，不同类型住户非 SNA 生产时间分配的特点和数量均存在明显的差异，为了更深入地研究不同影响因素对住户非 SNA 生产规模的影响特点，笔者此处重点研究了收入水平、年龄大小、婚姻状况、教育水平以及工作场所与居住地的距离五个因素对住户非 SNA 生产的影响。

（1）分收入水平。随着收入的提高，住户成员从事非 SNA 生产活动的时间逐渐减少。借鉴传统的经济理论，住户成员从事的活动可划分为生产活动、休闲活动和个人活动，其中生产活动又可划分为 SNA 生产活动（即有酬生产活动）和非 SNA 生产活动，个人活动主要是指睡觉、吃饭等日常必需的活动，住户成员花费在此类活动中的时间差异很小。随着住户成员的收入增加，意味着住户成员从事非 SNA 生产活动和休闲活动的机会成本增加，借鉴传统的经济理论可知，住户成员从事非 SNA 生产的时间会随着收入的增加而减少，两者呈现出负相关关系。（如图 4-1 所示）

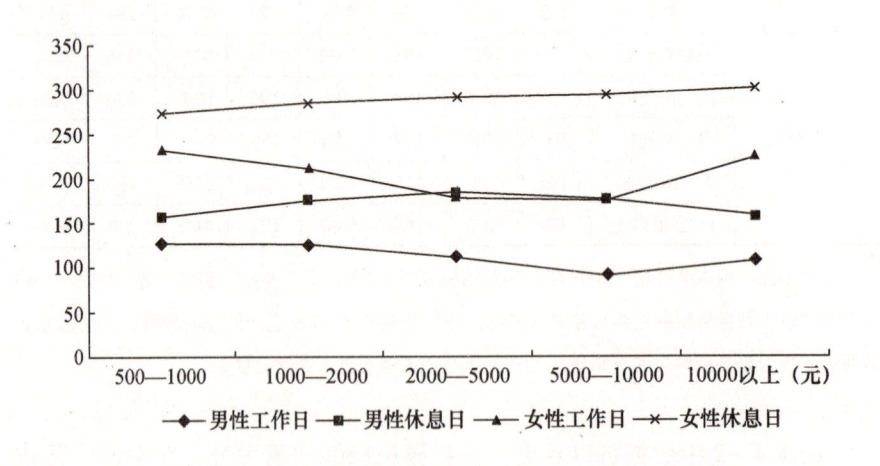

图 4-1 不同收入水平住户非 SNA 生产时间差异

（2）分年龄。不同年龄的住户成员从事非 SNA 生产的时间存在着较大的波动。15—24 岁年龄段的住户成员以各类学生为主，其绝大多数时间都花费在受教育活动上，而从事比较少的非 SNA 生产。步入社会走上工作岗位之后，尤其是结婚生育之后，面临着上有老下有小的压力，住户成员从事非 SNA 生产的时间明显增加，35—44 岁男性成员工作日的非 SNA 生产时间比 15—24 岁男性成员增加了 37 分钟，而同年龄段女性成员工作日的非 SNA 生产时间则增加了 58 分钟。进入老年期特别是退休之后，由于摆脱了有偿工作的束缚，住户成员可以花费更多的时间于休闲活动和非 SNA 生产上，55—64 岁年龄段的男性和女性在工作日的非 SNA 生产时间分别达到了 157 分钟和 307 分钟，分别比 45—54 岁年龄段的男性和女性增加了 44 分钟和 61 分钟。考虑到女性的退休年龄普遍地要早于男性，55—64 岁年龄段的女性在工作日和休息日从事非 SNA 生产的时间几乎相等，而同年龄段的男性在休息日从事非 SNA 生产的时间比工作日要高出 21 分钟。（如图 4-2 所示）

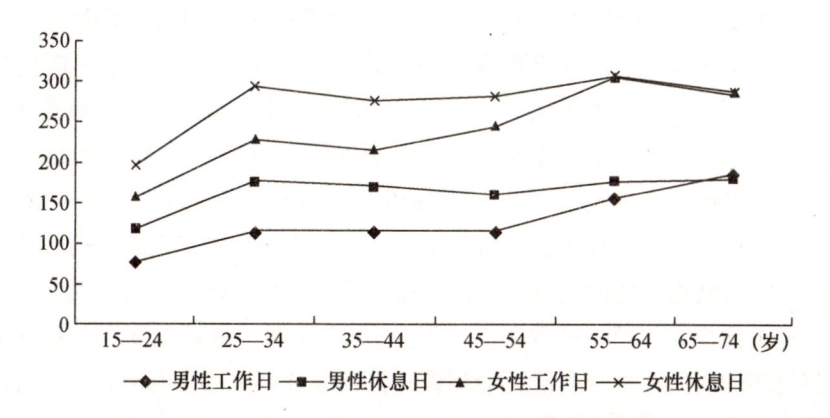

图 4-2 不同年龄住户非 SNA 生产时间差异

（3）分婚姻状况。不同婚姻状态的住户成员从事非 SNA 生产的时间投入存在着明显的差异。未婚住户成员花费于非 SNA 生产的时间明显地少于有配偶、丧偶和离婚的住户成员，这主要是因为相比之下，未婚住户成员所承担的养育子女、赡养老人的义务和工作较少，他们能够将更多的精力和时间投入到有偿劳动和休闲活动中，而从事非 SNA 生产的时间则较少。丧偶的住户成员从事非 SNA 生产的时间要高于有配偶的住户成员，对于有配偶的住户成员，养育子女和赡养老人的繁重家务劳动可以由双方来共同分担，而对于丧偶的住户成员来说，不仅要独自承担养育子女的任务，同时还要担负其赡养双方父母的职责，故其从事非 SNA 生产的时间要高于前者，丧偶的男性和女性工作日的非 SNA 生产时间分别为 166 分和 285 分钟，而有配偶的男性和女性则为 128 分和 249 分钟。（如图 4-3 所示）

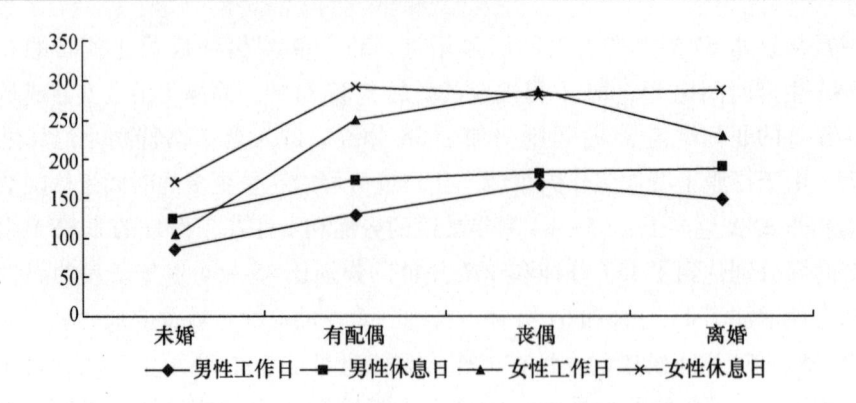

图 4-3　不同婚姻状态住户非 SNA 生产时间差异

（4）分教育程度。住户成员从事非 SNA 生产的时间与教育程度存在着显著的负相关关系，教育程度越高，其花费在非 SNA 生产上的时间则越少。在当今知识经济年代，知识就是力量和资本，教育程度越高意味着在竞争激烈的市场竞争中能够获得更多更好的工作机会，于是相比之下，教育程度高的住户成员将投入更多的时间从事有偿劳动的工作。与此同时，教育程度越高，住户成员越是期望个人的全面发展和个人社会价值的实现，将花费更多的时间进行社会交往、培训教育等休闲活动。时间资源对于每个住户成员都是平等的，一天只有 24 小时，教育程度高的住户成员将更多的时间花费于有偿劳动和提高自身综合素质的休闲活动上，因此花费于非 SNA 生产的时间则相对较少。小学、初中、高中、大学的男性住户成员工作日从事非 SNA 生产的时间分别为 132 分钟、128 分钟、127 分钟、119 分钟，而女性住户成员则分别为 267 分钟、258 分钟、234 分钟、177 分钟，从事非 SNA 生产的时间均呈现出递减的趋势。（如图 4-4 所示）

（5）分工作场所与居住地距离。工作场所与居住地距离越远，住户成员从事非 SNA 生产的时间投入越少。工作场所离居住地越远，意味着住户成员在工作日将花费更多的时间在来回上班的交通时间上，从而减少从事非 SNA 生产的时间，男性工作日从事非 SNA 的时间依次为 196 分钟、107 分钟、98 分钟、100 分钟、92 分钟，而女性的时间则分别为 334 分钟、190 分钟、158 分钟、151 分钟、127 分钟。对于在家工作的住户成员，无论是在工作日还是在休息日，男性住户成员和女性住户成员从事非 SNA 生产的时间基本是相同的，男性的时间分别为 196 分钟和 198 分钟，而女性为 334 分钟和 326 分钟。（如图 4-5 所示）

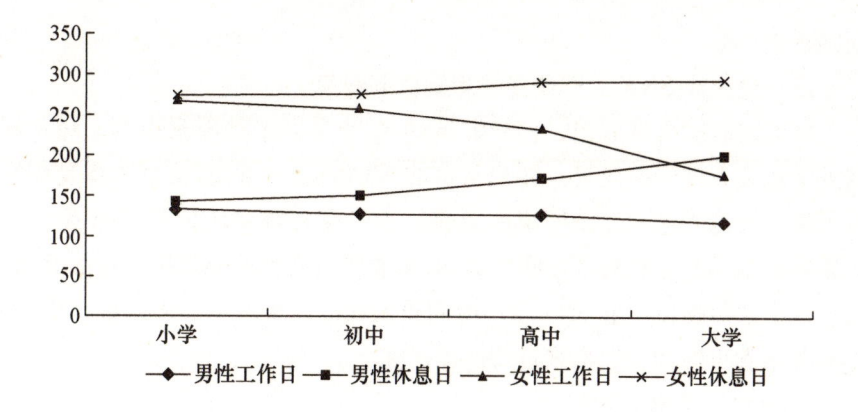

图 4-4 不同教育程度住户非 SNA 生产时间差异

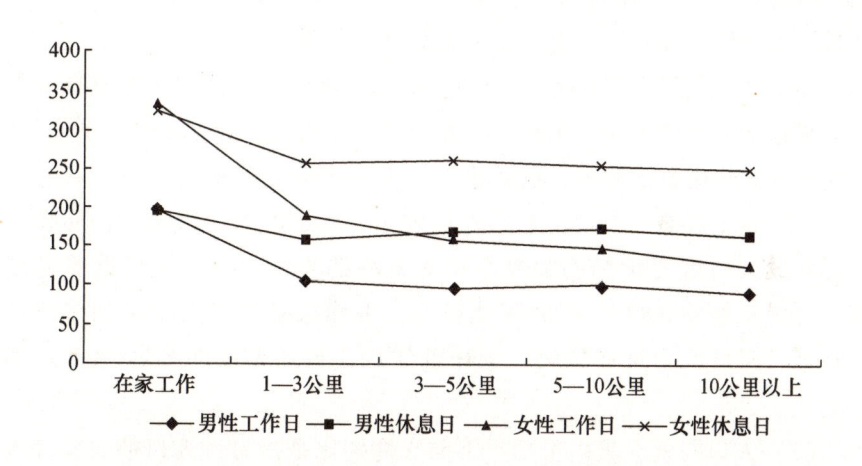

图 4-5 不同工作距离住户非 SNA 生产时间投入的差异

综上可以看出,不同类型的住户分配于非 SNA 生产的时间投入存在着明显的差异。收入水平越高,意味着从事非 SNA 生产的机会成本越大,因而住户花费在非 SNA 生产的时间较少;已婚住户成员由于婚后除了要从事一定的市场有酬劳动,同时还要承担繁杂的家务劳动以及养育子女和赡养老人的义务,相对于未婚的住户成员,其花费在非 SNA 生产的时间较长;随着受教育程度的提高,住户成员越来越注重个人的全面发展和个人价值的实现,积极地参加各类培训教育和社会交际活动,从而减少从事非 SNA 生产的时间;工作场所与居住地的距离越远,意味着住户成员工作日需要花费更多的时间在上下班的交通上,因而从事非 SNA 生产的时间则越少。

三 住户非SNA生产差异的影响机制研究

从上述研究可以看出,住户非SNA生产受到多种因素影响,综观国内外学者现有的研究发现,住户从事非SNA生产时间的长短主要受到家庭因素、人口因素和经济因素的影响。为了深入研究住户非SNA生产差异影响机制,笔者此处利用我国2008年居民时间利用调查所获得的北京、河北等十省市的住户非SNA生产时间投入数据以及历年《中国统计年鉴》中有关十省市的相关数据来进行实证研究。

1. 指标的选取与说明

为了全面反映家庭因素、人口因素和经济因素对住户非SNA生产时间的影响机制,本书选取了少年儿童抚养比、老年人口抚养比等10个自变量,将住户从事非SNA生产的时间作为因变量。

(1)家庭因素。其中包括:①少年儿童抚养比也称少年儿童抚养系数,是指某一人口中少年儿童人口数与劳动年龄人口数之比,一般来说,少年儿童抚养比数值越大,住户成员从事非SNA生产的时间越长;②老年人口抚养比指某一人口中老年人口数与劳动年龄人口数之比,反映了劳动年龄人口需要承担的赡养老年人义务的大小,老年人口抚养比越高,住户从事非SNA生产时间越长;③平均家庭规模是指平均每户的人口数,平均家庭规模越大,意味着住户成员从事的非SNA生产时间将越长。

(2)人口因素。其中包括:①男女性别比是指男性人口数与女性人口数的比值,反映了男女人口数的相对大小,男女性别比越高,则说明女性人数相对较少,为此住户从事的非SNA生产时间相对较少,这主要是由于女性依然是非SNA生产的主要承担者;②文盲率是指超过学龄期(12—15岁以上)年龄既不会读又不会写字的人在相应的人口中所占的比例,文盲率反映一个国家或地区人们受教育的程度,文盲率越高,则表明该地区人口平均受教育程度较低,住户成员从事非SNA生产的时间则越长;③教育水平是指6岁以上人口中大专及以上人口数占6岁以上人口数的比重,用以反映一个地区的教育水平,其与住户非SNA生产时间呈负相关关系;④农村城镇人口比是指农村人口数与城镇人口数的比值,反映一个地区城镇化水平的高低,农村城镇人口比越高,说明城镇化水平越低,住户从事非SNA生产的时间则越长。

(3) 经济因素。其中包括：①人均地区生产总值指一个地区核算期内（通常是一年）实现的国内生产总值与该地区常住人口的比值；②地区职工平均工资是指按地区职工人口平均的工资总额；③农村人均纯收入指的是按农村人口平均的农民纯收入，反映的是一个国家或地区农村居民收入的平均水平。经济因素的三个指标均从不同角度反映了该地区经济发展水平，三个指标的数值越高，说明该地区的经济发展水平越高，提供的就业机会和岗位就越多，因此住户成员从事非SNA生产的时间相应会减少。本书选取的自变量的描述性统计见表4-3。

表4-3　　　　　　　　　自变量的描述统计结果

因素	变量	定义	均值	标准差	标准差系数	最小值	最大值
家庭因素	Cdr	少年儿童抚养比	23.48	6.29	0.27	12.13	31.62
	Edr	老年人口抚养比	12.57	2.03	0.16	10.22	16.08
	Afs	平均家庭规模	3.17	0.36	0.11	2.58	3.63
人口因素	Mfr	男女性别比	103.93	1.89	0.02	102.27	108.30
	Lyr	文盲率	8.86	5.04	0.57	3.11	17.77
	Edul	教育水平	0.08	0.07	0.97	0.04	0.28
	Rupr	农村城镇人口比	1.27	0.66	0.52	0.18	2.11
经济因素	GDPpc	人均地区生产总值	26237.50	16786.37	0.64	12421.00	64491.00
	Aww	地区职工平均工资	29574.00	10160.70	0.34	23046.00	56328.00
	Pcnir	农村人均纯收入	5457.50	2594.94	0.48	2723.80	10661.90

2. 研究方法

在实际问题研究中，为了全面分析问题，往往涉及众多有关的变量，但是，变量太多不仅会增加模型构建的难度，同时也给合理地分析和解决问题带来困难。一般来说，在构建多元回归方程过程中，虽然选取的各自变量对因变量都是有意义的，但其中某些变量彼此相关，彼此间存在着严重的共线性问题，给评价自变量的贡献率带来困难。为此，若要客观、合理地对住户非SNA生产时间差异的成因机制进行研究，需要对众多变量间的共线性进行甄别和判断，并依据变量间的共线性，重新构造出能最大地包含原有变量信息且相互独立的新自变量，进而研究新自变量对因变量的影响因子。而主成分分析方法提供了这样一种思路，主成分分析思路正是设法将原来众多具有一定相关性的指标重新组合成一组新的相互无关的综合指标（即主成分或因子），由于主成分间不具相关性，并且能较好地反映原来众多相关性指标的综合信息，于是，用主成分作为新的自变量进行回归分析使得回归方程及其参数的估计更加可靠、合理。

主成分分析就是设法将原来的 p 个指标重新组合成一组相互无关的新指标的过程。通常数学上的处理就是将原来的 p 个指标做线性组合。设有 n 个样本点，每个样本点都有 p 项变量 $x_1, x_2, \cdots, x_p$，其原始数据矩阵表示为：

$$\begin{bmatrix} x_{11} & x_{12} & \cdots & x_{1p} \\ x_{21} & x_{22} & \cdots & x_{2p} \\ \cdots & \cdots & \cdots & \cdots \\ x_{n1} & x_{n2} & \cdots & x_{np} \end{bmatrix}$$

其中，x_{ij} 是第 i 个样本点第 j 个指标的观测值。如前所述，通过主成分变换得到的线性组合可以表示为 $x_1, x_2, \cdots, x_p$ 的线性组合：

$$y_1 = u_{11}x_1 + u_{12}x_2 + \cdots + u_{1p}x_p$$
$$y_2 = u_{21}x_1 + u_{22}x_2 + \cdots + u_{2p}x_p$$
$$\cdots \quad \cdots \quad \cdots \quad \cdots \quad \cdots$$
$$y_p = u_{p1}x_1 + u_{p2}x_2 + \cdots + u_{pp}x_p$$

如果系数 u_{ij} 满足 $u_{i1}^2 + u_{i2}^2 + \cdots + u_{ip}^2 = 1$，$i = 1, 2, \cdots, p$；而且系数 u_{ij} 的确使 y_i 与 y_j（$i \neq j$）相互无关，并使 y_1 是 $x_1, x_2, \cdots, x_p$ 的一切线性组合中方差最大者，y_2 是与 y_1 不相关的 $x_1, x_2, \cdots, x_p$ 的所有线性组合中方差最大者，…… y_p 是与 $y_1, y_2, \cdots, y_{p-1}$ 都不相关的 $x_1, x_2, \cdots, x_p$ 的所有线性组合中方差最大者，则称 $y_1, y_2, \cdots, y_p$ 为原变量的第一，第二，…，第 p 主成分。第一主成分 y_1 的方差达到最大，其方差越大，表示其所包含的信息越多。如果第一主成分还不能反映原指标的全部信息，再考虑选取第二主成分 y_2，y_2 在剩余的线性组合中方差最大，并且与 y_1 不相关，如若第一、第二主成分仍然不能反映原变量的全部信息，再考虑选取第三主成分 y_3，y_3 在剩余的线性组合中方差最大，并且与 y_1、y_2 不相关，依此可求出全部 p 个主成分，它们的方差是依次递减的。在实际工作中，在不损失较多信息的情况下，通常选取前几个主成分来进行分析，达到简化数据结构的目的。

要求原始变量的主成分，关键在于系数值。在应用主成分分析研究问题时，通常先将数据标准化，以消除量纲对结果的影响。标准化的常用公式为：

$$zx_i = \frac{x_i - E(x_i)}{\sqrt{D(x_i)}}$$

标准化后的数据均值为 0，方差为 1。可以证明，变量 x_1，x_2，…，x_p 标准化以后，其协方差矩阵 S 与相关系数矩阵 R 相等。

为了求出主成分，只需求样本协方差矩阵 S 或相关系数矩阵 R 的特征根和特征向量即可。设 R 的特征根 $\lambda_1 \geq \lambda_2 \geq \cdots \geq \lambda_p > 0$，相应的单位特征向量为：$(u_{i1} u_{i2} \cdots u_{ip})'$，那么相应的主成分就是：$y_i = u_{i1} zx_1 + u_{i2} zx_2 + \cdots + u_{ip} zx_p$。

3. 实证结果与分析

笔者此处借助于主成分分析法，利用 SPSS19.0 对本书拟选取的影响住户非 SNA 生产时间长短的十个自变量进行主成分分析进而重新构造出新的自变量，结果如表 4-4 所示。

表 4-4　　　　　　主成分初始特征值及其解释的总方差

成分	初始特征值		
	合计	方差的%	累积方差%
1	6.356	63.556	63.556
2	1.457	14.566	78.122
3	1.163	11.633	89.755
4	0.598	5.983	95.737
5	0.178	1.783	97.520
6	0.140	1.398	98.918
7	0.074	0.736	99.655
8	0.034	0.345	99.999
9	0.000	0.001	100.000
10	0.000	0.000	100.000

从表中的累积方差不难看出，利用主成分分析所构造的前三个主成分所包含的方差累积达到了 90.696%，已经满足了累积贡献率达到 85% 的基本要求，基本能够包含了原有自变量的基本信息，为此，笔者此处将新

构建的主成分命名为 Y_1、Y_2 和 Y_3。根据相关系数矩阵 R 的特征方程 $|R-\lambda I|=0$，可得 R 的单位特征根 $\lambda_1=6.356$，$\lambda_2=1.457$，$\lambda_3=1.163$，再由齐次线性方程组 $(R-\lambda I)U=0$，可得新自变量与标准化后原有自变量间的系数向量 U_1、U_2、U_3。

表4-5　　　　　　　　　　　主成分系数矩阵

标准化后的原自变量	U_1	U_2	U_3
Zscore（少儿抚养比）	-0.361	0.086	0.274
Zscore（老年人口抚养比）	0.039	-0.757	0.292
Zscore（平均家庭规模）	-0.327	0.416	0.034
Zscore（男女性别比）	-0.107	0.339	0.703
Zscore（文盲率）	-0.281	-0.295	0.391
Zscore（教育水平）	0.356	0.055	0.211
Zscore（农村城镇人口比）	-0.367	-0.098	0.040
Zscore（人均地区生产总值）	0.379	0.156	0.142
Zscore（地区职工平均工资）	0.352	0.085	0.321
Zscore（农村人均纯收入）	0.377	0.016	0.151

至此，按 $\sum_{i=1}^{k}\lambda_i \big/ \sum_{i=1}^{p}\lambda_i \geqslant 85\%$ 的原则，选择三个主成分即可对住户非 SNA 生产差异进行研究分析，且这三个主成分的累积方差贡献率达到 90%，主成分的表达式为：

$Y_1 = -0.361ZX_1 + 0.039ZX_2 - 0.327ZX_3 - 0.107ZX_4 - 0.281ZX_5 + 0.356ZX_6 - 0.367ZX_7 + 0.379ZX_8 + 0.352ZX_9 + 0.377ZX_{10}$

$Y_2 = 0.086ZX_1 - 0.757ZX_2 + 0.416ZX_3 + 0.339ZX_4 - 0.295ZX_5 + 0.055ZX_6 - 0.098ZX_7 + 0.156ZX_8 + 0.085ZX_9 + 0.016ZX_{10}$

$Y_3 = 0.274ZX_1 + 0.292ZX_2 + 0.034ZX_3 + 0.703ZX_4 + 0.391ZX_5 + 0.211ZX_6 + 0.040ZX_7 + 0.142ZX_8 + 0.321ZX_9 + 0.151ZX_{10}$

由三个主成分与原有自变量的线性表达式不难看出，第一主成分 Y_1 中，系数较大的两个变量分别为人均地区生产总值和农村人均纯收入，分别为0.379和0.377，表明新构建的自变量 Y_1 中基本包含了本书拟选取的经济因素的相关变量；第二主成分 Y_2 中，系数较大的两个变量分别为老年人口抚养比和平均家庭规模，分别为 -0.757 和 0.416，表明新构建的自变量 Y_2 中基本包含了家庭因素的所有信息量；第三主成分 Y_3 中，系数较大的两个变量分别为男女性别比和文盲率，分别为 0.703 和 0.391，表明新构建的自变量 Y_3 中基本包含了人口因素的所有信息量，为此笔者将此处所构建的三个主成分 Y_1、Y_2、Y_3 分别命名为家庭因子、人口因子和经济因子。从主成分分析结果来看，通过主成分分析所构建的三个新自变量基本包含了上文所选取的可能影响住户非 SNA 生产的所有信息，而且新变量之间不存在共线性的情形，能够使得通过线性回归模型研究住户非 SNA 生产差异的成因机制取得相对合理的结果和解释，可见主成分分析在住户非 SNA 生产差异研究的可行性上，为后续进一步的实证研究奠定了基础。

第二节　国外的经验分析——基于 ATUS 微观数据

由于我国住户成员时间利用调查微观数据的缺失，无法获得居民时间利用调查中单个被调查对象详细的个人及家庭信息，也不能获得其在日志日分配于不同类型非 SNA 生产活动的时间数据，因此无法从微观的层面来对我国住户成员非 SNA 生产时间分配差异及其影响因素进行实证研究。而美国开展居民时间利用调查的历史较早，并定期地进行居民时间利用调查，积累了大量的有关被调查住户成员的个人、家庭信息及其分配不同类型活动的微观数据，并无偿提供给公众免费查阅和使用。为了更深入地分析住户非 SNA 生产的差异及其影响机制，本书此处利用美国 2012 年居民时间利用调查的微观数据，对住户成员的个人、家庭等因素对非 SNA 生产时间分配差异的影响机制进行研究。

一　数据来源、变量描述和研究方法

1. 数据来源

本书此处的数据均来源于 2012 年美国住户时间利用调查（American Time Use Survey, ATUS）的微观数据，作为目前发展比较成熟的住户时间利用调查体系，该调查涵盖了年龄在 15 岁及以上的住户成员，不仅记录了受调查住户成员的个人基本信息（性别、年龄、婚姻状况等），同时也记录了受调查住户成员如何将一天 24 小时分配于各种不同类型的活动。

为了研究的需要，本书选取的样本仅包括婚姻状态为已婚且职业并非学生的受调查住户成员，样本量合计为 5707 个。研究过程所涉及的数据包括住户成员平均每天从事家务劳动和照料小孩的时间、性别、年龄、受教育程度、工作状态、家庭中小孩的数目以及最小孩子的年龄。

2. 变量描述

基于住户非 SNA 生产核算的重要性，已有的文献资料从不同的角度进行了研究。本书将重点研究不同类型的住户成员非 SNA 生产活动时间长短差异的影响因素及机制。根据"第三方原则"[①]，住户非 SNA 生产活动主要包括家务劳动、照顾家人和对外提供帮助，其中家务劳动包括准备食物及清理、环境清洁整理、洗衣服与整理衣物、饲养宠物、动手修理、维护和调试、家庭事务的安排与管理、购买商品与服务，照顾家人活动包括照顾小孩和照顾成年家人，对外提供帮助包括向住户外其他社区和住户提供的义务劳动和志愿服务。本书主要考察住户成员从事家务劳动和照料小孩这两类非 SNA 生产活动时间分配差异及其影响因素。在研究过程中，将住户成员从事家务劳动和照料小孩的时间作为因变量。

本书选取的解释变量包括住户成员的年龄、性别、受教育程度、工作状态、家庭中小孩的数目和最小孩子的年龄。其中，年龄和家庭中小孩的数目为数量变量，而性别、受教育程度、工作状态和最小孩子的年龄为虚拟变量，为了分析的需要，在虚拟变量设置过程中，分别将男性成员、高中教育水平的住户成员、没有工作的住户成员、最小孩子的年龄在 13—18 岁组的住户成员作为对照组。本书所选取的具体变量内涵及描述性统计见表 4-6。

表 4-6　　　　　　　　变量内涵和描述性统计

变量名	变量内涵	均值	标准差	最小值	最大值
age	年龄	49.15	14.45	20	85
$age^2 \times 10^{-2}$	年龄的平方除以 100	26.24	15.19	4	72.25
sex	性别：女性 = 1	0.51	0.50	0	1

---

① "第三方原则"的基本含义是如果一项活动可以委托给他人从事并产生相同的预期结果或它产生可用于交换的产出，就视为生产性活动，否则就认为是非生产性活动。

续表

变量名	变量内涵	均值	标准差	最小值	最大值
highedu	学历：高层次学历 = 1	0.67	0.47	0	1
lowedu	学历：低层次学历 = 1	0.08	0.27	0	1
fulljob	工作状况：全职工作 = 1	0.54	0.50	0	1
partjob	工作状况：兼职工作 = 1	0.13	0.34	0	1
childnum	小孩的数量	1.11	1.20	0	8
age0—6	最小孩子的年龄是否在 0—6 岁之间：是 = 1	0.53	0.50	0	1
age7—12	最小孩子的年龄是否在 7—12 岁之间：是 = 1	0.30	0.46	0	1

为了便于研究，本书此处测算出不同类型住户成员平均每天分配于从事家务劳动和照料小孩活动的时间及其差异。从表 4-7 中结果可以初步发现：总体上来说，女性住户成员从事家务劳动和照料小孩的时间要多于男性住户成员，这与已有文献的研究结论是基本一致的，即女性成员是非 SNA 生产的主要承担者；随着年龄的增长，住户成员从事家务劳动的时间越长，而其照料小孩的时间则呈现出明显减少的趋势；住户成员的工作状态对其从事家务劳动的时间影响显著，相比于没有工作的住户成员，从事全职工作和兼职工作的住户成员分配于家务劳动的时间较少；无论是男性成员还是女性成员，受教育程度越高，其所分配于照料小孩的时间越多，高中以上学历的住户成员照料小孩的时间显著地高于高中学历和高中以下学历的住户成员；家庭中小孩的数目和最小孩子的年龄对住户成员照料小孩活动时间的影响非常显著，家中小孩的数目越多、最小孩子的年龄越小，住户成员每天从事照料小孩活动的时间则越多。

表 4-7　　　　不同类型住户成员非 SNA 时间分配的差异　　　　单位：分钟

变量		男性		女性		性别差异	
		家务劳动	照顾小孩	家务劳动	照顾小孩	家务劳动	照顾小孩
工作状态	全职工作	125.21	47.57	178.27	60.30	53.05	12.73
	兼职工作	148.28	23.71	222.66	85.96	74.38	62.24
	没有工作	173.16	23.47	253.71	71.47	80.55	48.00
最小孩子年龄	0—6 岁	119.88	102.39	208.35	161.37	88.47	58.98
	7—12 岁	134.43	44.53	230.60	87.97	96.17	43.44
	13—18 岁	134.20	22.54	233.84	42.71	99.63	20.18

续表

变量		男性		女性		性别差异	
		家务劳动	照顾小孩	家务劳动	照顾小孩	家务劳动	照顾小孩
孩子的数目	0个	153.87	0.00	213.73	0.00	59.86	0.00
	1个	129.38	54.47	204.74	94.34	75.36	39.87
	2个	130.60	77.30	216.85	126.10	86.25	48.80
	3个及以上	114.85	87.05	247.21	146.75	132.36	59.70
受教育程度	高中以下	125.06	28.81	247.31	53.84	122.26	25.03
	高中学历	141.83	25.26	228.67	41.76	86.84	16.49
	高中以上	139.18	47.14	209.64	81.37	70.46	34.23
年龄	15—24岁	55.69	96.50	130.54	135.04	74.85	38.54
	24—65岁	133.98	47.40	213.95	78.62	79.97	31.22
	65岁以上	164.98	2.57	242.80	3.55	77.82	0.98

注：表中性别差异列数据是由女性住户成员平均每天从事家务劳动和照料小孩的时间与男性住户成员相应的时间相减所得。

3. 研究方法

考虑到在本书研究过程中，总体样本中，14%的住户成员没有从事家务劳动，男性成员和女性成员组的这一比例分别为22%和6%，34%的住户成员没有从事照料小孩的活动，男性组和女性组的这一比例分别为43%和26%，研究涉及的因变量（家务劳动和照料小孩的时间）为删截变量，且删截的阈值为0，为此本书拟采用Tobit回归模型对住户成员家务劳动和照料小孩时间的影响因素进行分析，回归模型的基本形式为：

$$y_i^* = x'_i\beta + \varepsilon_i$$

$$y_i = \begin{cases} 0 & IF y_i^* \leq 0 \\ y_i^* & IF y_i^* > 0 \end{cases}$$

其中，y_i^* 为潜在变量，表示住户成员花费一定时间从事家务劳动和照料小孩的能力和意愿，y_i 是其现实观察值，表示住户成员平均每天从事家务劳动和照料小孩的时间，潜在变量只有在超过阈值0时才能被观测，尽管样本中许多住户成员家务劳动和照料小孩的时间同样都为0，但其潜在变量的取值可能不尽相同。x_i 表示影响住户成员家务劳动和照料小孩时间长短的一系列解释变量，β 为待估计的解释变量系数，ε_i 表示独立并服从正态分布的误差项,且均值为0,方差为常数 σ^2 。

二 实证结果与分析

在此部分,本书利用 Tobit 回归模型分别对住户成员从事家务劳动和照料小孩时间的影响因素进行研究。在实证研究过程中,本书将总体样本按照性别划分为男性组和女性组,并分别对其从事两类非 SNA 生产活动时间的影响因素进行研究。估计结果列于表4-8至表4-10,表中结果给出了解释变量的估计系数、标准误差和边际效应。

1. 住户成员家务劳动时间影响因素的估计结果

从表4-8回归结果可以看出,总体上来看,年龄因素对于住户成员从事家务劳动时间的影响在1%统计水平上是显著的,且符号为正,说明随着年龄的增加,住户成员分配在家务劳动上的时间是递增的,但增速是递减的(年龄平方因素对应的系数符号为负号)。从性别变量来看,性别变量对于住户成员家务劳动时间的影响是非常显著的,平均而言,女性成员每天从事家务劳动的时间比男性成员要多出近50分钟,这与现实生活是基本吻合的,一般来说,与男性成员相比,女性成员较多地承担了家庭的家务劳动。住户成员受教育程度的差异对于家务劳动时间也是有显著影响的,受教育程度较低的住户成员花费在家务劳动上的时间显著地低于中等教育程度的住户成员,根据人力资本的相关理论,受教育程度越高意味着其工资收入越高,那些受教育程度相对较低的住户成员为了能够维持家庭的基本生活,不得不从事长时间且工资水平较低的有酬市场工作,因此分配在家务劳动上的时间则相对较少。同时,住户成员的就业状态对家务劳动时间的影响也十分显著,相比没有工作的住户成员,全职和兼职的住户成员平均每天从事家务劳动的时间分别要少42分钟和18分钟,这主要是由于全职和兼职住户成员每天或不定期地从事固定时间的市场工作,而每个住户成员的时间资源都是一样的,即每天只有24小时可供支配和使用,因此,相比于没有工作的住户成员,全职和兼职住户成员从事家务劳动的时间相对较少。除此之外,家庭内小孩的数量对于住户成员家务劳动时间的影响在1%统计水平是显著的,且影响系数为正,表明随着家庭小孩数量的增加,住户成员需要分配更多的时间来从事家务劳动。

表4-8　　　　　　住户成员家务劳动时间影响因素的估计结果

变量	家务劳动 估计系数	家务劳动 边际效应	不同性别 男性 估计系数	不同性别 男性 边际效应	不同性别 女性 估计系数	不同性别 女性 边际效应
常数项	30.111 (30.164)	—	19.383 (46.246)	—	110.097*** (39.438)	—
age	4.758*** (1.169)	2.870	5.224*** (1.770)	2.692	4.333*** (1.562)	3.012
$age^2 \times 10^{-2}$	-3.985*** (1.132)	-2.404	-4.562*** (1.699)	-2.351	-3.247** (1.529)	-2.257
sex	81.933*** (5.196)	49.347	—	—	—	—
highedu	-1.466 (5.787)	-0.885	4.210 (8.653)	2.165	-8.573 (7.798)	-5.982
lowedu	-20.063** (9.991)	-11.827	-42.452*** (14.370)	-20.802	6.325 (14.021)	4.426
fulljob	-69.417*** (6.442)	-42.222	-54.475*** (11.119)	-28.876	-71.737*** (7.938)	-49.085
partjob	-31.756*** (8.154)	-18.551	-26.404* (15.407)	-13.170	-32.281*** (9.445)	-21.886
childnum	6.859*** (2.486)	4.137	-4.485 (3.729)	-2.311	16.860*** (3.365)	11.720
N_C	762		591		171	
N_{UC}	4945		2216		2729	
对数似然值	-33453.426		-15292.272		-18135.069	
R^2	0.008		0.002		0.004	
N	5707		2807		2900	

注：***、**、*分别表示在1%、5%、10%水平上显著，括号中为标准误差。N_C表示在阈值0处删截的样本数，N_{UC}表示未被删截的样本数。

分性别来看，不同的解释变量对于男性和女性住户成员家务劳动时间的影响不尽相同。从年龄变量来看，无论是男性成员还是女性成员，其从事家务劳动的时间均随着年龄的增长而增加，且增加幅度均呈现出递减的趋势。受教育程度较低的男性住户成员花费在家务劳动上的时间要显著地低于中等教育程度的男性住户成员，平均每天要少20分钟，而受教育程度的高低对于女性住户成员家务劳动时间长短几乎没有任何影响，导致这一差异的主要原因在于：一般而言，相较于女性住户成员，男性成员是家庭经济收入的主要来源，为了维持正常的家庭生活开支，受教育程度较低的男性住户成员通常从事时间相对较长且工资水平相对较低的市场工作，这在一定程度上就限制了其从事家务劳动的时间。而与男性成员不同，女性成员作为家务劳动的主要承担者，无论其受教育程度如何，每天都要分配一定的时间从事家务劳动，不同教育程度女性成员从事家务劳动时间差异在统计上是不显著的。住户成员的就业状态均对男性和女性成员的家务劳动时间产生显著的影响，在男性组别中，全职工作和兼职工作的男性成员平均每天从事家务劳动的时间相比于没有工作的男性成员分别要少29分钟和13分钟，女性组别中，全职和兼职的女性成员比没有工作的分别要少49分钟和22分钟。值得注意的是，家庭内小孩的数目这一变量对于解释男性成员家务劳动时间差异上并不显著，而在女性组别中，女性成员家务劳动的时间随着小孩数目的增加呈现出上升的趋势，这在某种程度上说明了男性成员从事家务劳动的时间并不受小孩数目的影响，而与小孩相关的这部分家务劳动更多的是由女性成员来承担。

2. 住户成员照料小孩时间影响因素的估计结果

表4-9中结果显示，从总体样本来看，性别变量对于住户成员从事照料小孩活动时间的影响在1%统计水平是非常显著的，从性别变量边际效应来看，女性成员平均每天照料小孩的时间要比男性成员多20分钟。住户成员的受教育程度对住户成员照料小孩时间差异存在比较明显的影响，受教育程度越高的住户成员平均每天从事照料小孩活动的时间越长，相比中等教育水平的住户成员，受教育程度较高和受教育程度较低的住户成员平均每天照料小孩的时间要分别多出24分钟和减少15分钟。按照传统的人力资本原理，受教育程度越高通常意味着较高的工资水平，换言之，受教育程度较高的住户成员从事照料小孩活动的机会成本较大，理应会减少该类活动的时间分配，但本书的研究结论却与之相反，主要原因在于住户成员的受教育程度越高，其越能够意识到教育对于小孩未来成长与发展的重要性，因此他们更倾向于花费更多的时间来照料小孩，注重小孩智力等各方面素质的培养和锻炼。住户成员的就业状态也是引起其照料小孩活动时间差异的重要因素，从事全职工作和兼职工作的住户成员平均每

天照料小孩的时间要比没有工作的成员分配在该活动上的时间分别少31分钟和13分钟，原因在于没有工作的能够比较自由地支配自己的时间，而从事全职和兼职工作的住户成员要受到固定工作时间和强度的制约。除此之外，家庭中小孩的数目以及最小孩子的年龄这两个变量对于住户成员照料小孩时间的影响十分显著，家庭中小孩数目这一变量在1%统计水平上显著地影响成员照料小孩活动的时间，且影响效应为正，随着小孩数量的增加，住户成员花费于照料小孩的时间也相应增加，同时小孩的年龄越小，住户成员分配于照料小孩活动上的时间越多，从表中结果来看，相比于最小孩子年龄在13—18岁的住户成员，最小孩子年龄在0—6岁和7—12岁的住户成员平均每天从事照料小孩的时间分别要多60分钟和28分钟，一般而言，家庭中小孩的年龄越大，尤其是当小孩的年龄位于13—18岁之间时，他们能够替代父母照料自己的弟弟妹妹，从事一定相对简单的照料活动，从某种程度上减少了父母花费在照料小孩上的时间。

表4-9　　　　住户成员照料小孩时间影响因素的估计结果

变量	照料小孩 估计系数	照料小孩 边际效应	不同性别 男性 估计系数	不同性别 男性 边际效应	不同性别 女性 估计系数	不同性别 女性 边际效应
常数项	-37.013 (46.876)	—	-41.549 (67.239)	—	25.127 (64.783)	—
age	0.759 (2.041)	0.343	2.123 (2.925)	0.822	-0.041 (2.873)	-0.021
$age^2 \times 10^{-2}$	-3.649 (2.244)	-1.650	-4.940 (3.192)	-1.914	-3.181 (3.192)	-1.648
sex	44.458*** (6.299)	20.054	—	—	—	—
highedu	55.288*** (7.249)	23.929	56.117*** (10.305)	20.918	54.207*** (10.158)	26.809
lowedu	-35.033*** (12.437)	-14.961	-39.688** (17.413)	-14.402	-27.255 (17.767)	-13.529

续表

变量	照料小孩		不同性别			
			男性		女性	
	估计系数	边际效应	估计系数	边际效应	估计系数	边际效应
fulljob	-66.773*** (7.541)	-31.314	-98.043*** (14.331)	-43.681	-56.909*** (9.071)	-29.170
partjob	-30.449*** (9.415)	-13.194	-97.774*** (22.173)	-31.862	-14.802 (10.563)	-7.555
age0—6	133.829*** (9.942)	59.954	137.119*** (14.919)	52.966	131.081*** (13.375)	66.978
age7—12	58.340*** (9.477)	27.632	57.097*** (14.339)	23.161	59.389*** (12.620)	32.228
childnum	9.288*** (3.089)	4.199	9.475** (4.422)	3.670	9.106** (4.326)	4.719
N_C	1100		675		425	
N_{UC}	2157		897		1260	
对数似然值	-14610		-6171.147		-8431.790	
R^2	0.029		0.026		0.023	
N	3257		1572		1685	

注：***、**、*分别表示在1%、5%、10%水平上显著，括号中为标准误差。N_C表示在阈值0处删截的样本数，N_{UC}表示未被删截的样本数。

分性别组别来看，无论是男性住户成员还是女性住户成员，其受教育程度的高低均对其从事照料小孩活动的时间产生显著的影响，从边际效应系数来看，受教育程度较高的男性住户成员要比受中等教育程度的男性成员平均每天多分配21分钟来照料小孩，相比之下，受教育程度较低的男性成员要比受中等教育程度的男性成员平均每天要少15分钟；受教育程度较高的女性成员平均每天照料小孩的时间要比受中等教育程度的女性成员多27分钟，可见住户成员的受教育程度越高，他们越倾向于分配更多的时间来照料小孩，更加注重小孩智力等各方面素质的培养，以提高其未来成长与发展所需的人力资本。由于要定期或不定期地从事一定的有酬市场工作，从事全职或兼职工作的住户成员平均每天照料小孩的时间要显著地少于没有工作的住户成员，在男性组别中，从事全职和兼职工作的成员平均每天从事照料小孩的时间分别比没有工作的成员少44分钟和32分钟，而在女性组别中，这一数据分别为 30 分钟和 8 分钟。在男性和女性成员照料小孩活动时间影响因素中，家庭小孩的数目和最小孩子的年龄均在 1% 统计水平上产生显著影响，且对女性成员的影响更大，最小孩子的年龄在 0—6 岁和 7—12 岁的男性住户成员平均每天比最小孩子年龄在 13—18 岁的男性成员要多花费 53 分钟和 23 分钟，相比之下，最小孩子年龄在 0—6 岁和 7—12 岁的女性住户成员平均每天比最小孩子年龄在 13—18 岁的女性成员要多花费 67 分钟和 32 分钟，可见，孩子的年龄越小所引致的女性成员照料小孩活动时间的增加要明显地高于男性成员。

考虑到在现实生活中，住户成员在某一时间段内可能从事不止一种活动，在从事某一种活动的同时也进行另一种活动，比如住户成员在打扫房屋或看电视的同时也在从事照料小孩的活动，于是在同一时间段内从事的不同活动就有了主要活动和次要活动之分（Duncan Ironmonger，2003），在上例中，住户成员打扫房屋或看电视的时间作为主要活动分别记录为家务劳动时间和休闲时间，而作为次要活动的照料小孩的时间并没有被记录，在现实生活中，住户成员经常在进行某项活动的同时照料小孩，于是作为次要活动且占很大比重的住户成员照料小孩的活动时间并没有被记录。为了更加全面真实地分析住户成员照料小孩活动时间的影响因素，本书此处将作为次要活动的住户成员照料小孩的时间纳入到研究范围中来，形成了总的照料小孩的时间，并进行了实证分析。

表 4-10　住户成员照料小孩（包括次要照料小孩活动）时间影响因素的估计结果

变量	照料小孩		不同性别			
			男性		女性	
	估计系数	边际效应	估计系数	边际效应	估计系数	边际效应
常数项	-51.060 (88.538)	—	-229.974* (138.651)	—	213.579* (112.662)	—
age	3.805 (3.835)	2.685	12.406** (6.007)	7.356	-3.615 (4.966)	-2.955
$age^2 \times 10^{-2}$	-11.87451*** (4.197)	-8.379	-20.315*** (6.545)	-12.046	-4.821 (5.482)	-3.940
sex	97.172*** (11.956)	68.375	—	—	—	—

续表

变量	照料小孩 估计系数	照料小孩 边际效应	不同性别 男性 估计系数	不同性别 男性 边际效应	不同性别 女性 估计系数	不同性别 女性 边际效应
highedu	52.244*** (13.579)	36.293	42.176** (20.849)	24.719	60.790*** (17.684)	48.849
lowedu	-27.228 (22.636)	-18.901	-46.324 (33.839)	-26.659	-1.932 (30.432)	-1.577
fulljob	-167.251*** (14.412)	-121.573	-191.447*** (30.022)	-125.262	-160.143*** (15.871)	-129.182
partjob	-103.002*** (18.045)	-68.825	-195.045*** (45.411)	-100.465	-80.010*** (18.548)	-63.671
age0—6	573.006*** (19.399)	389.385	597.394*** (32.109)	348.705	553.451*** (23.766)	428.618
age7—12	551.489*** (18.451)	435.190	553.274*** (30.773)	379.134	553.303*** (22.392)	485.137
childnum	17.429*** (5.858)	12.298	13.119 (9.127)	7.779	20.074*** (7.568)	16.406
N_C	562		344		218	
N_{UC}	2695		1228		1467	
对数似然值	-19513.565		-9045.875		-10441.478	
R^2	0.045		0.035		0.050	
N	3257		1572		1685	

注：***、**、*分别表示在1%、5%、10%水平上显著，括号中为标准误差。N_C表示在阈值0处删截的样本数，N_{UC}表示未被删截的样本数。

从表4-10中实证结果不难看出，住户成员从事的照料小孩活动时间（包含次要照料小孩活动时间）的影响因素与上文分析的结果基本一致，住户成员的性别、受教育程度、工作状态、家庭小孩的数目以及最小孩子的年龄对住户成员照料小孩的时间均有显著的影响，由边际效应系数可知，女性成员平均每天比男性成员多花费69分钟来照料小孩。住户成员的受教育程度越高，其分配于照料小孩的活动时间越长。从事全职和兼职工作的住户成员照料小孩的时间明显地少于没有工作的住户成员。家庭中小孩的数目越多、最小孩子的年龄越小，无论是男性成员还是女性成员，其从事照料小孩活动的时间均明显增加。从系数数值来看，表中的边际效应数值显著地高于表中相应的数值，这再次说明了住户成员所从事的照料小孩的活动在很大比例上是作为次要活动来进行的。

鉴于住户非 SNA 生产在整个国民经济核算体系中的重要性，本书在现有研究的基础上，以 SNA2008 为理论指导，利用住户时间利用调查的微观数据，从时间投入的视角，采用 Tobit 回归模型分析方法，实证研究了住户成员每天从事家务劳动和照料小孩时间差异的影响因素机制。研究结果发现：①女性住户成员是家务劳动和照料小孩活动的主要承担者，女性住户成员平均每天分配于家务劳动和照料小孩的时间要明显地多于男性。②无论是对于男性还是女性成员，成员的工作状态对其从事家务劳动和照料小孩时间的差异均有显著的影响，从事全职或兼职工作的成员平均每天分配于这两类非 SNA 活动的时间要显著地少于没有工作的住户成员。③住户成员的受教育程度越高，其平均每天分配于照料小孩的时间越多，主要是由于教育程度越高的住户成员更能体会到人力资本对于孩子未来成长与发展的重要性，因此他们更愿意分配更多的时间与孩子在一起，从不同方面来提高孩子的智力等各方面的能力和素质。④家庭中小孩的数目对于女性住户成员家务劳动和照料小孩时间的影响在统计上均是显著的，孩子的数目越多，女性住户成员所花费的时间越多。而对于男性住户成员，家庭中小孩的数目对其从事家务劳动时间的影响并不显著，男性住户成员从事家务劳动的时间并不会随着小孩数目的增加而提高。⑤家庭中最小孩子的年龄对于住户成员照料小孩时间的影响非常显著，无论是男性还是女性成员，最小孩子的年龄越小，其平均每天分配于照料小孩活动的时间则越长，相对于较小年龄的孩子，孩子的年龄越大，由于其能够代替父母从事一些相对简单的活动来照料自己的弟弟妹妹，这在某种程度上就减少了对住户成员照料活动的需求，从事导致住户成员照料活动时间的减少。

第五章　住户部门循环账户的构建

在整个国民经济活动过程中，国民经济总体以及各机构部门在不同的经济活动过程中进行着不同的经济交易项目。为了完整地反映国民经济总体及各机构部门不同经济活动阶段所有经济交易项目的流量，现行国民经济核算体系中心框架主要是通过构建国民经济总体和各机构部门在不同经济活动阶段的核算账户来刻画和描述的。而作为国民经济总体的重要机构部门之一，住户部门在整个核算期内，在不同的经济活动阶段与其他机构部门之间发生着不同类型的经济交易项目，本书所构建的住户卫星账户正是为了真实反映住户部门核算期内所有经济活动的全貌，为此，依据国民经济核算体系中心框架中核算账户构建的基本原理和思路，对住户部门在不同国民经济活动阶段的经济交易项目，通过分别构建相应的循环账户进行反映。

第一节　住户部门循环账户经济交易项目的界定

依据 SNA2008，除了生产活动以外，住户部门还参与了收入分配活动、消费活动、资本形成活动和金融交易活动，在不同国民经济活动阶段与其他机构部门之间进行着不同类型的交易活动。为了比较全面地反映出住户部门在整个国民经济活动阶段进行的所有经济活动及其经济流量，不仅需要对住户部门的生产活动进行核算，同时也需借助 SNA2008 体系下的循环账户体系来对住户部门其他经济活动进行全面核算。通过构建住户部门的循环账户能够对住户部门在不同阶段与其他机构部门之间的交易类型及其经济流量进行记录和描述，但在构建具体的账户之间，有必要界定出住户部门在不同国民经济活动阶段与其他机构部门之间的交易项目。

在 SNA2008 体系中，交易就是按机构单位间的相互协议而进行的经济活动。交易的定义规定了机构单位之间的相互作用必须用共同的协议，这意味着机构单位对交易应该是预先知情的，且得到了参与交易者的同意。在市场经济中，国民经济活动的交易几乎覆盖了市场的全部内容，国民经济运行过程主要由国民经济机构单位之间的交易构成，国民经济账户的形成也是基于这些具体的交易项目而形成的。所以，在构建住户部门的循环账户之前，有必要界定出住户部门与政府部门、非金融公司部门、金融公司部门、为住户服务的非营利机构部门之间的经济交易项目并作理论阐述。

一　住户部门与政府部门之间的经济交易

在生产活动阶段，住户部门与政府部门之间的交易项目主要是生产税收和生产补贴。住户部门因为生产活动向政府缴纳一定的税收，同时政府部门对特定住户部门的生产会作适当的生产补贴（如农业生产补贴等）。

生产活动形成的收入随之进入了收入初次分配阶段，在这一阶段中，住户部门与政府部门的经济交易是雇员劳动报酬和财产收入。雇员劳动报酬包括两部分内容：一是现金或实物形式的应付工资和薪金，二是雇主应付的社会缴款的价值，可以是雇主为使其雇员获得社会福利而向第三方如社会保障基金等支付的社会缴款，也可以是雇主提供的未储备基金的社会福利的虚拟社会缴款。财产收入流量发生在金融资产和有形非生产资产（主要是土地和地下资产）的使用者向所有者支付的过程中。值得注意的是，生产性有形资产如建筑物、机器设备等使用权转让而产生的租借费用，不能作为财产收入，而应视同提供服务和购买服务，计为提供者的产出和使用者的中间消耗。联合国SNA2008将财产收入分为利息、公司已分配收入、为国直接投资的再投资收益、属于投保人的财产收入和地租，其中利息包括存款利息、股票以外证券利息、贷款利息和其他应收款利息。而这里的住户部门与政府部门的利息收入是指股票外证券（即国库券）利息。

收入初次分配阶段形成了住户部门的原始收入，但收入的分配过程仍未结束，紧接着进入了收入再次分配阶段。如果说收入初次分配阶段体现了效率原则，各要素根据其在生产过程中的参与状况、对生产的贡献程度大小来获得相应的收入作为回报，那么收入再分配阶段主要体现了公平的原则，而政府在这一过程中扮演了不可替代的作用，通过各种转移适当缩小在初次分配上造成的过大的收入差距，促进了社会的公平。这一阶段中住户部门与政府部门的经济交易主要是经常转移。经常转移归纳起来大致有三种形式：所得、财产等经常税；社会缴款和社会福利；其他经常转移。所得、财产税主要是居民部门和企业、金融机构、行政事业单位等法人单位针对当期所得应支付的所得税、利润税、资本收益税和定期支付的财产税及其他经常收入税，这里主要是住户部门应向政府部门支付的所得、财产税。社会缴款是居民部门为保证在未来某一时期获得社会福利金，而向政府组织的社会保险计划和私人保险基金所缴纳的款项，如失业保险、退休保险等。社会福利是居民从政府及其他部门收到的经常转移，一部分是以失业金、退休金、抚恤金、医疗保险金等形式出现的社会保险福利，这种福利是以住户在此以前支付的社会缴款为前提；另一部分是以生活困难补助、救济金等形式出现的社会援助福利，该部分的福利不受以前支付缴款的条件限制。

在收入使用阶段，住户部门的可支配收入有两个用途：最终消费和储蓄。消费的产品中部分来源于政府部门的生产。

至此，本书根据国民经济活动的顺序，界定出住户部门与政府部门之间的所有经济交易，见表5-1。

表5-1　　　　　　　　住户部门与政府部门的经济交易

国民经济活动阶段	经济交易项目
生产活动	生产税 生产补贴
收入初次分配活动	雇员劳动报酬 　　工资和薪金 　　雇主社会缴款 　　　　雇主实际社会缴款 　　　　雇主虚拟社会缴款 财产收入 　　利息
收入再次分配活动	经常转移 　　所得、财产等经常税 　　实物社会转移 　　社会缴款 　　社会福利 　　　　社会保险福利 　　　　社会援助福利 　　其他经常转移

续表

国民经济活动阶段	经济交易项目
收入使用	最终消费
资本形成活动	资本转移
金融活动	债券

从表 5-1 可以看出，住户部门与政府部门在不同的国民经济活动阶段发生着不同类型的经济交易。在生产活动阶段，住户部门与政府部门的交易项目是生产税和生产补贴；在收入初次分配阶段，住户部门与政府部门的交易项目是雇员劳动报酬和财产收入；在收入再次分配阶段，住户部门与政府部门的交易项目是经常转移和其他经常转移；在收入使用阶段、资本形成活动阶段、金融活动阶段，住户部门与政府部门的交易项目分别是最终消费、资本转移和债券。

二 住户部门与其他机构部门的经济交易

住户部门不仅与政府部门发生着多种经济交易，同时还与非金融公司部门、金融公司部门、为住户服务的非营利机构部门在不同的国民经济活动阶段，进行着类似的经济交易，这些交易当然也是构建住户部门循环账户的基本元素。

在国民经济核算体系范围内，非金融公司部门与金融公司部门主要是由以营利为目的的机构单位构成，它们与住户部门之间的关系主要是获得生产所需的劳动力、资本、土地等生产要素，并将生产的货物和服务以有经济意义的市场价格出售给住户部门。而非营利机构部门则主要是通过实物社会转移和其他经常转移向住户部门提供免费或没有显著意义价格的产品，来提高住户部门的社会福利水平。

鉴于住户部门与其他三部门之间的很多交易在内容上是相同的，只是交易的参与者有别而已，为了不再赘述上述住户部门与政府部门的经济交易分析，本书此处只通过图表的方式列出住户部门与其他三部门之间的经济交易，在必要之处作适当的补充说明。具体的交易项目见表 5-2。

表 5-2　　　　住户部门与其他三个机构部门之间的经济交易

国民经济活动阶段	经济交易项目		
	非金融公司部门	金融公司部门	非营利机构部门
生产活动			
收入初次分配活动	雇员劳动报酬 　工资和薪金 　雇主社会缴款 　　雇主实际社会缴款 　　雇主虚拟社会缴款 财产收入 　利息 　公司已分配收入 　属于投保人的财产收入 　地租	雇员劳动报酬 　工资和薪金 　雇主社会缴款 　　雇主实际社会缴款 　　雇主虚拟社会缴款 财产收入 　利息 　公司已分配收入 　属于投保人的财产收入 　地租	雇员劳动报酬 　工资和薪金 　雇主社会缴款 　　雇主实际社会缴款 　　雇主虚拟社会缴款
收入再次分配活动	经常转移 　社会缴款 　未备基金雇员社会福利 　其他经常转移	经常转移 　社会缴款 　私营基金社会福利 　未备基金雇员社会福利 　其他经常转移	经常转移 　实物社会转移 　其他经常转移
收入使用	最终消费	最终消费、储蓄	最终消费
资本形成活动			资本转移
金融活动	股票与其他产权 股票以外的证券	股票与其他产权 股票以外的证券贷款 保险专门准备金	

注：表中非营利机构部门就是指为住户服务的非营利机构部门。

　　本书通过表 5-2 列出了住户部门与非金融公司部门、金融公司部门以及为住户服务的非营利机构部门之间的各种经济交易项目。不难发现，表 5-2 中的交易项目与表 5-1 中住户部门与政府部门之间的经济交易既有相同点，也有不同之处，这主要决定于交易主体的性质和作用。一般来讲，非金融公司部门和金融公司部门由以营利为目的的法人企业和准法人企业构成，其中当然包括上市公司。这些上市公司的股东都是普通住户成员，是住户部门的一部分，他们通过持有上市公司的股票以获得红利。在收入再分配阶段，住户部门与金融公司部门的经济交易较频繁，金融公司部门主要由银行业、保险业等构成，住户部门向保险企业支付社会缴款，并在未来某一时期获得保险企业支付的私营基金社会福利（不同于政府层面社会保险福利）。除了私营基金社会福利，住户部门还可能获得来自非金融公司部门和金融公司部门的未备基金雇员社会福利，它是由雇主直接提供给雇员、雇员赡养的人口及其遗属的社会福利，既有现金的也有实物形态的。住户部门与为住户服务的非营利机构部门之间的交易项目主要是实物社会转移，这也是由为住户服务的非营利机构部门自身的性质和宗旨决定的。

第二节 住户部门循环账户的构建

为了客观反映住户部门核算期内不同国民经济活动阶段所从事的不同经济活动的全貌，需要分别设计出用于反映住户部门生产活动、收入形成活动、收入使用活动、资本形成活动和金融交易活动的核算账户，核算账户构建的基础是住户部门不同国民经济活动过程中发生的经济交易项目。

一 住户生产账户

在生产活动阶段，住户部门的经济交易项目主要包括：总产出、中间投入及增加值。与现行国民经济核算体系中心框架下住户部门的生产活动不同，卫星账户体系下的住户部门生产活动核算是基于全面的生产观，即但凡符合经济生产的定义，只要其是在住户部门的监督和管理下完成的生产活动就应该被纳入到住户生产核算范围予以核算，并记录在住户部门生产账户中。为此本书所构建的住户部门生产账户中既包括住户 SNA 生产，同时也包括住户非 SNA 生产。对于住户部门的两种不同类型的生产活动，分别核算出其总产出和中间投入，并在此基础上利用公式：增加值 = 总产出 - 中间投入，分别测算出住户 SNA 生产和非 SNA 生产的增加值。将住户 SNA 生产和非 SNA 生产活动同一交易项目进行汇总，即可核算出住户部门核算期内所有经济活动的总产出、中间投入及其增加值。

账户 V.1　　　　　　　　　　住户部门生产账户

使用			交易项目	资源		
住户部门	非 SNA 生产	SNA 生产		SNA 生产	非 SNA 生产	住户部门
①+②	②	①		①	②	①+②
			总产出			
			中间投入			
			增加值			

二　住户收入分配账户

住户部门生产活动所创造的增加值构成了住户部门收入形成的来源之一。在住户 SNA 生产过程中，通过向住户 SNA 生产活动过程提供劳动力生产要素，作为回报，住户部门获得了相应的雇员报酬；对于由住户成员个人或合伙拥有的非法人企业，企业所有者在生产过程中承担着双重角色，既像其他有酬雇员一样提供劳动力要素，同时也作为管理者负责企业的生产运营和发展，为此，作为回报，非法人企业所有者理应获得雇员报酬和营业盈余两种收入，但在实际生产活动，往往无法区分作为企业所有者的住户成员所获得的两种收入，于是，在核算实践中，将住户成员所获得雇员报酬和营业盈余统称为混合收入。与住户 SNA 生产不同，住户成员在从事非 SNA 生产活动过程中并没有获得任何收入，但与其他有酬雇员劳动一样，住户成员在非 SNA 生产过程中同样付出了大量的劳动时间，应该对其所付出的劳动时间价值进行核算，虚拟作为住户在非 SNA 生产过程中所获得收入。另外，在收入初次分配阶段，财产收入是住户部门收入形成的另一来源，财产收入对于住户来说具有双向性，即住户部门既可能从其他机构部门获得财产收入，同时也需要向其他机构部门支付财产收入，获得与支出的差异即为住户部门实际获得财产收入净额。

经过收入初次分配阶段，住户部门获得了原始收入总额。但至此，住户部门的收入形成过程并未结束，紧接着进入了收入再次分配阶段。经济转移是住户部门在收入再次分配阶段的主要交易项目，经常转移收入主要包括社会福利和其他经常转移，经济转移支出主要包括所得、财产等经常税的支出、社会缴款和其他经济转移支出。值得注意的是，由于本书所界定的住户部门的生产核算范围与现行中心框架下住户部门的生产核算范围不同，为此需要对现行中心框架下有关住户部门核算账户中的一些经济交

账户V.2　　　　　　　　住户部门原始收入分配账户

使用	资源
财产收入 　利息 原始收入总额 固定资本折旧（-） 原始收入净额	雇员报酬 　劳动时间价值（非SNA生产） 混合收入总额 固定资本折旧（-） 混合收入净额 财产收入 　利息 　公司已分配收入 　属于投保人的财产收入 　地租
合计	合计

易项目进行调整，如对于住户部门向有关部门支付的车船税，现行中心框架体系是将其作为所得、财产等经常税记录为住户部门的经常转移支出；有些家庭的老人和残疾人并没有接受市场性护理机构提供的服务，而是由住户成员自己进行照料，政府向其支付了一定的护理津贴和伤残津贴，现行中心框架下将该部分政府部门向住户部门提供的津贴记录为住户部门的经常转移收入。而在住户卫星账户体系框架下，上述住户部门支付和获得的收入是与住户非SNA生产活动相关的，住户成员所拥有的个人交通工具主要是用来提供交通服务的，而政府部门支付的护理津贴和伤残津贴主要是与住户成员生产的照料活动相关的。为此，在本书所构建的住户收入再次分配账户中，应该将其从现行中心框架下住户部门核算账户中予以扣除。

三　住户收入使用账户

通过收入形成阶段，住户部门最终形成了住户部门可支配收入，其有权自由支配并使用这部分收入，于是进入了收入使用阶段。最终消费支出是住户部门在收入使用阶段的主要交易项目，在住户卫星账户体系下住户部门的最终消费支出既包括中心框架下已记录为住户最终消费的部分，同时还包括住户非SNA生产的产出部分。据前文所述，住户部门非SNA生产活动完全是一种自产自用的活动，生产的服务完全供住户及其成员最终消费，因此住户非SNA生产产出的价值应记录为本书所构建住户收入使

账户 V.3	住户部门收入再分配账户	
使用		资源
经常转移支出		原始收入总额
所得、财产等经常税		固定资本折旧（-）
与非 SNA 生产相关的税收（-）		原始收入净额
社会缴款		经常转移收入
其他经常转移		与非 SNA 生产相关的补贴（-）
可支配总收入		社会福利
固定资本折旧（-）		社会保险福利
可支配净收入		社会援助福利
		私营基金社会福利
		未备基金雇员社会福利
		其他经常转移
合计		合计

用账户中的最终消费支出。同时，现行中心框架下住户部门最终消费的货物和服务中，部分是用于住户非 SNA 生产的中间投入（如消费的用于提供食物的食品、水果等）及固定资本的形成（用于非 SNA 生产的耐用消费品等）。为此，需要对现行中心框架下住户部门最终消费进行调整，并构建出住户部门的收入使用账户。

账户 V.4	住户部门可支配收入使用账户	
使用		资源
最终消费支出		可支配总收入
用于非 SNA 生产的中间投入（-）		固定资本折旧（-）
用于非 SNA 生产的固定资本形成（-）		可支配净收入
住户非 SNA 生产产出价值		
总储蓄		
固定资本折旧（-）		
净储蓄		
合计		合计

四　住户资本形成账户

住户部门通过收入形成活动所获得的可支配收入可能并没有完全用于最终消费，剩余部分即为国民经济核算中的"储蓄"，这是住户部门进行资本形成活动的主要资金来源。除此之外，住户部门在此阶段获得的资本转移净额（资本转移收入－资本转移支出）是其进行资本投资的其他来源。在住户卫星账户体系下，住户部门的资本形成总额应该包括中心框架下住户部门在收入使用阶段所购买的主要耐用消费品，这些耐用消费品是住户部门进行非 SNA 生产活动所必需的固定资产（如提供交通服务所购买的汽车等个人交通工具、用于烹饪食物所购买的微波炉、电冰箱等小型耐用消费品）。

账户 V.5　　　　　　　　　　住户部门资本账户

使用	资源
资本形成总额	净储蓄
固定资本形成总额	总储蓄
与非 SNA 生产相关的耐用消费品	固定资本折旧（－）
存货变化	资本转移净额
珍贵物品净获得	应收资本转移（＋）
固定资本折旧（－）	应付资本转移（－）
土地净购买	
其他非生产资产净购买	
净借出（＋）/净借入（－）	

五　住户金融交易账户

在资本形成核算中，如果住户部门的净储蓄及资本转移净额未能全部用于非金融投资，形成的当期盈余即为资本账户的净贷出，住户部门通常将该部分盈余通过金融市场与其他机构部门进行交易，让渡该部分资产的使用权以期获得相应的财产收入。相反，如果住户部门筹集的资本不足以弥补非金融投资，资本账户上变现为净借入，那么，住户部门必然要在金融市场上通过各种方式自其他部门借入资金以弥补缺口。SNA2008 将金融资产分为货币黄金和提别提款权、通货和存款、股票以外的证券、贷款、股票和其他产权、保险专门准备金和其他应收应付款项，根据住户部门在金融市场上的金融交易，可以构建出住户部门的金融账户。

账户 V.6　　　　　　　　　　住户部门金融账户

资产变化	负债变化
通货和存款	净借出（+）/净借入（-）
股票以外的证券	通货和存款
贷款	股票以外的证券
股票与其他产权	贷款
保险专门准备金	股票与其他产权
其他应收款项	保险专门准备金
	其他应收款项

至此，本书对于住户部门在国民经济活动不同阶段的所有交易项目，分别构建出了住户部门的生产账户、收入分配账户、收入使用账户、资本形成账户、金融账户，形成了住户部门的循环账户体系。通过住户部门的循环账户，可以很清晰地了解到住户部门在国民经济活动不同阶段的经济交易项目及其经济流量，比较系统地反映出住户部门所有经济活动全貌。

六　住户综合经济账户

通过构建住户部门不同国民经济活动中的核算账户，可以反映住户部门在不同活动过程中所从事的各类经济交易项目的流量。在现实生活中，住户部门核算期内所从事的经济活动是一个完整的、连续的过程，为了便于分析和研究，我们人为地将住户部门核算期内从事的所有活动划分为生产活动、收入形成活动、收入使用活动、资本形成活动和金融活动。虽然住户部门在不同类型活动中从事不同的经济交易活动，但这些经济活动之间并非相互独立的，而是相互之间存在着紧密的逻辑联系。住户部门通过生产活动创造的增加值构成了住户部门收入形成的来源，住户部门生产增加值中的固定资本消耗、雇员报酬和营业盈余/混合收入构成了住户部门的收入。住户部门收入形成活动阶段所获得的可支配收入决定了其在收入使用阶段最终消费的收入来源，而住户可支配收入中用于最终消费后的节余（即国民经济核算中的储蓄）又构成了住户部门进行资本投资的资金来源之一，住户部门为进行资本形成所产生的资金盈余或资金短缺又促使住户部门通过金融交易活动贷出或借入资金。可见，住户部门核算期内所从事的不同经济活动是相互联系的，不同经济活动的核算账户是有机统一的整体，前一核算账户的平衡项构成了后一核算账户的起点。根据不同经济活动和核算账户之间的内在逻辑联系，本书设计出用于反映住户部门核算期内所有经济活动全貌的综合核算账户。

账户 V.7　　　　　　　　　住户部门综合经济账户

使用		经济交易项目	资源	
非 SNA 生产	SNA 生产		SNA 生产	非 SNA 生产
		P1 总产出		
		E1 中间消耗	Ⅰ. 生产账户	
		G1 总增加值		
		T1. t 生产税		
		T1.0 生产补贴		
Ⅱ. 收入形成账户		T1. n 生产税净额		
		E2 固定资本消耗		
		W1 雇员报酬		
		B1 混合收入		
		R1 财产收入		
		R1.1 利息		
		R1.2 公司已分配收入	Ⅲ. 收入初次分配账户	
		R1.3 属于投保人的财产收入		
		R1.4 地租		
		I1 原始收入总额		
		C1 经常转移		
		C1.1 所得、财产等经常税		
		C1.2 社会缴款		
		C1.3 社会福利		
Ⅳ. 收入再次分配账户		C1.3.1 社会保险福利		
		C1.3.2 社会援助福利		
		C1.3.3 私营基金社会福利		
		C1.3.4 未备基金雇员社会福利		
		C1.4 其他经常转移		
		D1 可支配总收入		
		O1 实物社会转移	Ⅴ. 实物账户	
		D1.a 调整后可支配总收入		
		F1 最终消费支出		
Ⅵ. 收入使用账户		A1 实际最终消费		
		S1. t 总储蓄		
		S1. n 净储蓄		
		M1 应收资本转移	Ⅶ. 资本账户	
		N1 应付资本转移		
		K1 资本形成总额		
Ⅶ. 金融账户		F1 金融资产		
		L1 负债		

通过住户部门的综合经济账户，不仅可以清晰地掌握住户部门核算期内在生产活动、收入形成活动、收入使用活动、资本形成活动和金融活动中各类经济交易的内容和流量，同时根据不同经济活动以及核算账户之间的内在逻辑联系，可以掌握住户部门核算期内所有经济活动的动态变化过程及其全貌。从账户中，我们可以看出住户部门系列账户之间并非相互独立的，而是从生产账户开始，每一账户的平衡项构成了下一账户的起点。生产账户的平衡项总增加值构成了收入形成账户的起点。收入形成账户除了生产税净额的其他项又形成了住户部门原始收入初次分配账户的起点，与财产收入一起形成住户部门的原始收入总额。原始收入总额作为收入再分配账户的起点，与来自其他部门的经常净转移一起，最终形成了住户部门的可支配收入，为住户部门的收入使用账户提供了来源。住户部门使用账户中储蓄又构成了住户部门进行资本投资的资金来源，不仅如此，住户部门还通过金融交易来弥补资本投资的资金短缺或借出多余的资金来获取收益。

第六章 住户部门卫星账户的构建

作为国民经济总体的重要机构部门之一，住户部门在整个国民经济活动过程中，不仅承担着生产者的角色，从事一定规模的市场性和非市场性生产活动，生产相应的货物和服务，同时还从事其他类型的经济活动，主要包括收入形成活动、收入使用活动、资本形成活动和金融交易活动。本书所研究的住户部门卫星账户试图以账户的形式全面反映住户部门核算期内不同经济活动的全貌，揭示住户部门核算期内与其他机构部门之间的经济联系。

第一节 住户部门卫星账户构建的理论依据

SNA2008作为国民经济体系发展的最新成果，是世界各国或地区进行国民经济核算的重要理论和方法依据。SNA2008不仅界定了国民经济核算的基本概念、基本范围和基本原则，而且设计出用于反映和刻画国民经济核算结果的一系列核算账户、核算矩阵和核算方法，为各国进行国民经济核算实践提供了参考依据。借鉴SNA2008的相关理论和方法，各国或地区可以对本国或地区整个国民经济总体核算期内不同经济交易活动的流量和存量进行核算，构建出用于反映国民经济总体在不同国民经济活动阶段各种交易项目的账户体系和核算矩阵。各国或地区进行国民经济核算的目的不仅在于通过一系列的账户和矩阵刻画国民经济总体在生产活动、收入形成活动等不同经济活动的经济流量和存量，同时需要对国民经济总体中的不同机构部门在不同国民经济活动阶段的交易项目及其相互之间的经济联系进行核算和刻画，分别构建出住户部门、政府部门、公司部门和为住户部门服务的非营利机构部门的账户体系和矩阵体系（本书称之为现行国民经济核算体系中心框架下的账户体系）。中心框架下住户部门账户体系的构建正是为了全面反映住户部门核算期内在不同经济活动阶段从事的经济交易的流量及其与其他机构部门之间的联系，真实刻画了住户部门核算期内所有经济活动的全貌。

生产活动的核算是国民经济核算的起点，生产核算是进行其他经济活动核算的基础，生产核算中对于生产活动范围的界定决定了后续收入活动的来源以及最终消费和资本投资的对象。在现行国民经济核算中心框架下，生产核算的范围并未包括所有符合经济生产内涵的生产活动，而是包含了所有的市场性生产活动和部分非市场性生产活动；在现实生活中，国民经济总体中政府部门、公司部门和为住户部门服务的非营利机构从事的生产活动通常是市场性活动，而住户部门的生产活动既包括市场性生产，也包括非市场性生产活动。在现行中心框架体系下，住户部门的生产活动未被完全纳入到国民经济生产核算范围并体现在国民经济总体和住户部门账户体系中，其中住户成员为住户及其成员最终消费而生产的服务（如提供食物、提供衣着、照料活动等）被排除在生产核算范围之外（住户非 SNA 生产）。根据国民经济核算的基本原则和思路，生产的产出决定了收入形成的来源以及消费和资本投资的对象，住户部门在非 SNA 生产活动中形成的虚拟增加值并未构成住户部门收入的来源，且非 SNA 生产的产出也未核算并记录为住户部门的最终消费。从核算的完整性和真实性来看，现行中心框架中住户部门的账户体系是不完整的，并没有客观、全面地反映住户部门核算期内所有经济活动的全貌。

作为各国国民经济核算的指导手册，SNA2008 界定了国民经济核算的一系列基本概念、基本原则和核算方法，要求各国根据各自的国情灵活地运用相关理论和方法进行本国的国民经济核算，推荐使用卫星账户来核算和研究现有国民经济核算体系中尚未核算的内容，以不断补充和完善现有中心框架体系。本书正是基于现有国民经济核算体系的灵活性，考虑到现行中心框架下并没有将住户部门的所有生产活动纳入到生产核算范围内，而生产活动的核算又是进行其他经济活动核算的基础和起点，生产活动的范围决定了收入活动、消费活动和资本投资活动的范围，试图通过构建住户部门卫星账户来对住户部门核算期内所有经济活动进行刻画和反映，作为对现行中心框架的补充和完善，丰富现有的住户核算体系。当然，本书所构建的住户部门卫星账户体系并非是完全自成一体的体系，其构建仍然是依据现行中心框架下的基本概念、原则和方法来进行，是在对现行中心框架下住户部门账户体系中经济交易项目调整的基础上实现的，可以说现行国民经济核算体系中心框架是住户部门卫星账户构建的重要理论依据，住户卫星账户的构建是对现行国民经济核算体系的一个补充和完善。

第二节 住户部门卫星账户经济交易项目的形成

住户部门卫星账户的构建旨在全面反映住户部门核算期内所有经济活动的全貌，住户部门在生产活动、收入形成活动等不同国民经济活动阶段所从事的经济活动内容，主要是通过经济交易项目来体现和描述的，如"雇员报酬"反映的是住户成员通过在生产活动中提供劳动力生产要素所获得的回报。为此，在完整构建住户部门卫星账户之前，首先需要对住户部门在不同经济活动阶段的经济交易项目进行界定。

住户部门卫星账户中的经济交易项目与现行中心框架下住户部门账户体系中经济交易项目虽然字面上是相同的，但其所反映的内容和范围却存在差异，主要体现在现行中心框架下住户部门账户体系中并没有包括住户非 SNA 生产活动，其生产账户中并没有核算并记录住户非 SNA 生产的总产出、中间消耗、增加值及其构成；而本书所构建的住户部门卫星账户包含了住户部门核算期内所有经济生产活动，不仅包括已被纳入到现行中心框架下住户部门的生产活动（住户 SNA 生产），同时也涵盖了未被纳入其生产范围的住户部门生产活动（住户非 SNA 生产）。既然住户部门非 SNA 生产是包含在住户卫星账户生产核算范围内，那么就需要对住户非 SNA 生产活动的总产出、增加值及其构成进行核算，住户非 SNA 生产过程中所创造的增加值构成了住户部门收入形成的另一来源，住户非 SNA 生产的产出构成了住户部门最终消费的对象，分别在卫星账户中收入形成核算和收入使用核算部分予以核算和记录。此外，住户部门非 SNA 生产活动与现行中心框架下住户部门账户体系中的交易项目发生着紧密的联系，如中心框架下住户账户体系中被记录为最终消费的货物和服务是用于住户部门非 SNA 生产活动的中间投入和固定资本形成，记录为住户部门经常转移支出的车船税以及经济转移收入的护理津贴等是与住户非 SNA 生产活动相关的生产税和生产补贴，可见，住户部门卫星账户中的经济交易项目与中心框架下住户部门账户体系中经济交易项目存在着紧密的内在逻辑联系，在构建住户部门卫星账户过程中，本书正是基于现有中心框架下住户部门账户体系中的经济交易项目，通过一定的调整最终形成住户部门卫星账户的经济交易项目。

住户部门在整个国民经济活动过程中从事的经济活动主要包括生产活动、收入形成活动、收入使用活动、资本交易活动和金融交易活动，对于住户部门在不同经济活动阶段的经济活动内容主要是通过交易项目来界定，通过对现行中心框架下住户部门账户体系中不同经济活动阶段的经济交易项目进行调整，可以形成住户卫星账户体系中住户部门不同经济活动阶段的经济交易项目。

在生产活动阶段，住户部门从事的生产活动既包括 SNA 生产，也包括非 SNA 生产，生产核算的交易项目主要包括总产出、中间投入和增加值，而现行中心框架下住户部门账户体系中的生产账户仅仅核算并记录了住户部门 SNA 生产的总产出、中间投入及其增加值，而将住户部门非 SNA 生产排除在生产核算范围之外。住户部门卫星账户中的生产核算应该包含住户部门的所有生产，既包含住户部门 SNA 生产也包含住户部门非 SNA 生产，住户部门生产的总产出、中间投入和增加值等于住户 SNA 生产和非 SNA 生产相应交易项目的汇总，而住户 SNA 生产的总产出等交易项目已记录在现行中心框架下住户部门账户体系中生产核算部分。为此，对于住户卫星账户体系中住户部门生产活动的其生产账户中的总产出、中间消耗、增加值，通过在现行中心框架下住户部门生产核算相应经济交易项目的基础上加上住户部门非 SNA 生产的总产出、中间消耗、增加值即可形成卫星账户体系下住户部门生产活动的总产出、中间消耗和增加值。

住户部门生产活动中创造的增加值构成了住户部门收入形成的来源。住户部门 SNA 生产活动形成的增加值包括雇员报酬、固定资本消耗、生产税净额和营业盈余/混合收入，其中雇员报酬和营业盈余/混合收入构成了住户部门的收入，由于住户非 SNA 生产的总产出及其增加值的核算采用的是成本费用法，为此住户非 SNA 生产活动创造的增加值包括劳动时间价值、固定资本消耗和生产税净额，其中劳动时间价值形成了住户部门的收入，虽然住户部门在非 SNA 生产活动中并未真实获得作为劳动时间补偿的货币收入，但由于住户非 SNA 生产包含在住户卫星账户体系生核算范围内，为了保证账户体系的完整性和一致性，需要对住户分配于非SNA生产活动的劳动时间价值进行虚拟核算，并记录为住户部门获得的收入。当然，住户部门除了从自身的生产活动中获得相应的收入，同时还通过向其他机构部门生产过程提供有酬劳动获得相应的雇员报酬。财产收入是住户部门收入形成的另一来源，住户部门既可能是财产收入的获得者，从其他机构部门（主要包括政府部门和公司部门）获得相应的财产收入，同时也可能是财产收入的支出者，向其他机构部门（主要指金融公司部门）支付相应的财产收入，住户部门核算期内所获得财产收入净额应记录为住户部门的收入形成，与住户部门获得的雇员报酬/劳动时间价值和营业盈余/混合收入一起形成了住户部门的原始收入。在项目调整上，在现行中心框架下住户部门雇员报酬交易项目的基础上加上住户部门从事非SNA生产过程中获得的劳动时间价值，即可获得住户部门从自身和其他机构部门生产活动中获得的作为劳动力要素补偿的货币价值。

在收入再次分配阶段，经常转移是住户部门发生的主要交易项目，分为现金经常转移和实物经常转移。对于现行中心框架下住户部门在该阶段的相关交易项目，由于其是与住户部门非SNA生产活动过程相联系，如住户部门所缴纳的与住户非SNA生产有关的税，主要是所得、财产等经常税（如车辆使用税[①]），有些家庭的老人和残疾人不送到市场性的护理机构，而是由住户成员进行照料，政府向其支付的护理津贴和伤残津贴。前者是住户部门为从事提供交通服务非SNA生产活动向政府部门缴纳的生产税，而后者是政府部门向住户部门提供照料活动支付的生产补贴。为此，在交易项目调整过程中，应该将现行中心框架下住户部门发生的与住户非SNA生产相关的交易项目分别记录为住户非SNA生产的生产税和生产补贴，将中心框架下住户部门的现金转移收入和现金转移支出扣除掉与非SNA生产相关的部分，即可形成卫星账户体系下住户部门的现金转移收入和现金转移支出。此外，住户部门在收入再分配阶段还可能获得来自于其他机构部门（主要是政府部门和为住户部门服务的非营利机构部门）的实物社会转移，此部分的实物社会转移在中心框架下是全部记录为住户部门的最终消费，但在住户卫星账户体系下，住户部门获得的实物社会转

[①] 住户自有的车辆常被用于住户非SNA生产过程，因此所征收的车辆使用税理应被作为生产税处理。

移中除了最终消费之外，可能还用于住户非 SNA 生产的中间投入和固定资本形成部分。为此，作为住户卫星账户体系下的实物社会转移等于中心框架下住户部门获得的实物社会转移减去其中用于住户非 SNA 生产的中间投入和固定资本形成的部分。

在可支配收入使用阶段，住户部门发生的交易项目主要是最终消费，反映住户部门在核算期内所最终消费的货物和服务的价值。现行中心框架下所记录的住户部门最终消费的货物和服务，在实际过程中并非完全形成住户部门的最终消费，中心框架下住户部门最终消费的货物和服务可能部分用于卫星账户体系下住户非 SNA 生产活动的中间投入和固定资本形成，如住户部门所购买的主要耐用消费品，其中心框架下是作为住户部门的最终消费进行核算和记录，但在住户卫星账户体系下，住户所购买的主要耐用消费品主要是用于进行非 SNA 生产，为此应将其记录为住户部门的固定资本形成；住户部门购买的或作为实物社会转移获得的货物和服务，可能部分是用作住户非 SNA 生产的中间投入和固定资本形成。此外，卫星账户体系下住户部门的最终消费还包括住户非 SNA 生产的产出价值，住户非 SNA 生产完全是一种自产自用的生产活动，其产出的服务全部用于住户及其成员的最终消费。为此，卫星账户体系下住户部门的最终消费等于中心框架下住户部门的最终消费减去其中用于住户非 SNA 生产的中间投入和固定资本形成部分，并加上住户部门非 SNA 生产的产出价值。

在资本形成阶段，卫星账户体系下住户部门的固定资本形成不仅包含了中心框架下住户部门资本形成账户中的固定资本形成部分，同时还包括中心框架下住户部门最终消费中用于住户部门非 SNA 生产的固定资本形成部分。于是，卫星账户体系下住户固定资本形成的价值等于中心框架下住户固定资本形成的价值加上住户最终消费中用于固定资本形成的部分。

表 6-1　　　　　住户卫星账户中经济交易项目的推演

经济活动阶段	中心框架中的交易项目 (1)	调整过程 (2)	卫星账户中的交易项目 (3) = (1) + (2)
生产活动	总产出 中间消耗 增加值	住户非 SNA 生产的总产出 住户非 SNA 生产的中间消耗 住户非 SNA 生产的增加值	总产出 中间消耗 增加值

续表

经济活动阶段	中心框架中的交易项目 (1)	调整过程 (2)	卫星账户中的交易项目 (3) = (1) + (2)
收入形成活动	生产税 生产补贴 雇员报酬	住户非SNA生产的生产税(-) 住户非SNA生产的生产补贴(-) 住户非SNA生产的劳动时间价值	生产税 生产补贴 雇员报酬
收入初次分配	雇员报酬	住户非SNA生产的劳动时间价值	雇员报酬
收入再次分配	经常转移收入 经常转移支出 实物社会转移	用于住户非SNA生产的生产补贴(-) 用于住户非SNA生产的生产税(-) 用于住户非SNA生产的中间投入和固定资本形成(-)	经常转移收入 经常转移支出 实物社会转移
收入使用活动	最终消费	用于住户非SNA生产的中间投入和固定资本形成(-) 住户非SNA生产的产出价值	最终消费
资本形成活动	固定资本形成总额	中心框架下实物社会转移用于住户非SNA生产的固定资本形成 中心框架下最终消费用于住户非SNA生产的固定资本形成	固定资本形成总额

至此，通过对中心框架下住户部门不同经济活动阶段的相关经济交易项目进行调整，可以最终形成卫星账户体系下住户部门在不同国民经济活动阶段的经济交易项目。

第三节 住户部门卫星账户范式的设计

通过对中心框架下住户部门账户体系中的相关经济交易项目进行调整，可以得到卫星账户体系中住户部门的相关经济交易项目，结合国民经济核算中核算账户的设计原则和方法以及不同账户之间的内在逻辑联系，本书设计出住户部门卫星账户的基本范式。

从住户卫星账户的经济交易项目不难看出，住户部门卫星账户中的经济交易项目与中心框架下住户部门相应的交易项目在内涵上是一致的，如卫星账户中的雇员报酬和中心框架下的雇员报酬均表示住户部门在生产过程中所获得作为劳动力要素补偿的收入。但由于卫星账户体系下，住户部门的所有生产活动（住户 SNA 生产和住户非 SNA 生产）均被纳入到生产核算范围内并被核算。由于生产活动是国民经济活动的起点，生产核算的范围决定了其他经济活动的范围，生产活动创造的增加值形成了住户部门的收入来源，生产活动的产出决定了消费和资本形成的对象，为此在形成住户卫星账户的经济交易项目过程中，不仅需要对中心框架下住户部门生产账户中的总产出、中间投入和增加值进行调整，在中心框架下原有数值的基础上分别加上住户非 SNA 生产的总产出、中间投入和增加值以获得住户卫星账户体系中生产账户的交易项目进行调整，同时也鉴于住户部门从事的非 SNA 生产活动与其他经济活动之间的内在联系，如非 SNA 生产中的中间投入部分来源于中心框架下记录为住户最终消费的部分货物和服务，非 SNA 生产中的生产税和生产补贴来源于中心框架下记录为住户部门经常转移收入和经常转移支出，非 SNA 生产的固定资本形成主要来源于记录为中心框架下记录为住户部门最终消费的主要耐用消费品，卫星账户下住户部门的最终消费包含了住户非 SNA 生产产出的价值等。为此，若要完整设计出用于全面、真实反映住户部门核算期内所有经济活动全貌的卫星账户，不仅需要对中心框架下住户部门生产账户中的相关交易项目进行调整，同时也需要对中心框架下其他核算账户中的相关交易项目进行调整。

账户 VI.1　　　　　　　　住户部门卫星账户的范式

	使用			交易与平衡项	资源		
	住户部门卫星账户	调整项目	住户部门账户（中心框架）		住户部门账户（中心框架）	调整项目	住户部门卫星账户
生产账户		中间消耗* 增加值* 固定资本消耗* 净增加值*		总产出 中间消耗 增加值 固定资本消耗 净增加值	总产出*		

续表

	使用			交易与平衡项	资源		
	住户部门卫星账户	调整项目	住户部门账户(中心框架)		住户部门账户(中心框架)	调整项目	住户部门卫星账户
收入形成账户		雇员报酬* 生产税净额*		净增加值 雇员报酬 生产税净额 混合收入		净增加值*	
收入初次分配账户				混合收入 雇员报酬 财产收入 原始收入净额		雇员报酬*	
收入再分配账户		生产税*(-)		原始收入净额 实物社会转移 外经常转移 可支配收入净额		生产补贴*(-)	
实物收入再分配账户				可支配收入净额 实物社会转移 调整后可支配收入净额		中间消耗和固定资本形成*(-)	
可支配收入使用账户		中间消耗和固定资本形成*(-) 总产出*(+)		可支配收入净额 最终消费支出 净储蓄			

续表

	使用			交易与平衡项	资源		
	住户部门卫星账户	调整项目	住户部门账户(中心框架)		住户部门账户(中心框架)	调整项目	住户部门卫星账户
调整后可支配收入使用账户				调整后可支配收入净额 实际最终消费 净储蓄		中间消耗和固定资本形成*（-） 总产出*（+）	
资本账户		固定资本形成*		固定资本形成			

注：表中带有上标 * 的调整项目都是与住户部门非 SNA 生产相关的，总产出*、中间消耗*、增加值*、固定资本消耗*、雇员报酬*、生产税净额*和固定资本形成*都是住户部门非SNA 生产的相应指标，其内涵与 SNA 生产是一致的。

根据本书所构建的住户部门卫星账户的范式，可以延伸出住户部门核算的相关指标，通过这些指标可以反映住户部门不同经济活动的规模，全面掌握住户部门核算期内所有经济活动的全貌。在住户部门不同的经济活动阶段，本书根据卫星账户体系下住户部门经济交易项目与中心框架下住户部门经济交易项目的内在逻辑联系，设计出住户部门生产活动、收入形成等经济活动的相应指标。

在生产活动阶段，总产出、中间投入和增加值是反映住户部门生产活动的主要指标。其中：

住户生产总产出 = 住户 SNA 生产总产出 + 住户非 SNA 生产总产出；住户生产中间投入 = 住户 SNA 生产中间投入 + 住户非 SNA 生产中间投入；住户生产增加值 = 住户 SNA 生产增加值 + 住户非 SNA 生产增加值。

在收入初次分配阶段，作为住户部门收入来源之一的雇员报酬 = 中心框架下住户部门的雇员报酬 + 住户非 SNA 生产中劳动时间价值。住户部门原始收入 = 雇员报酬 + 营业盈余/混合收入 + 财产收入净额，其中财产收入净额 = 财产收入获得 – 财产收入支出。

在收入再次分配阶段，住户部门经济转移收入 = 中心框架下住户部门的经常转移收入－与住户非 SNA 生产相关的生产补贴；住户部门经常转移支出＝中心框架下住户部门的经常转移支出－与住户非 SNA 生产相关的生产税；住户经常转移净收入＝住户经常转移收入－住户经常转移支出。

在收入使用阶段，住户部门的最终消费＝现行中心框架下住户部门的最终消费－用于非 SNA 生产的中间投入和固定资本形成＋住户非 SNA 生产的产出价值。

在资本形成阶段，住户部门的固资本形成总额＝中心框架下住户部门的固定资本形成总额＋中心框架下住户最终消费中用于非 SNA 生产的固定资本形成部分。

第四节 住户部门卫星账户范式的检验

上文所构建的住户卫星账户的范式只是从理论上探讨了住户卫星账户构建的思路，其合理性和可行性需要经过核算实践的检验。为了验证本书所构建的住户卫星账户的科学性和可操作性，本书利用某国国民经济核算的数据构建出一具体的住户部门卫星账户。考虑到现行中心框架体系生产核算的范围既包括住户部门的所有市场性生产活动，同时还包括部分非市场性生产活动，其中纳入到中心框架下生产核算范围中的住户非市场性生产活动主要包括住户部门自产自用的货物生产、住户自有住房服务的生产和雇佣有酬雇员提供的家庭服务生产。为了分别刻画和反映住户部门的市场性生产活动和非市场性生产活动的规模，本书此处构建的住户卫星账户中设立了"调整项目"一栏，在生产账户和收入形成账户中，设立此栏的目的在于将中心框架体系下住户部门生产核算范围中的非市场性生产脱离出来，并与住户部门非 SNA 生产相汇总，从而得到住户部门非市场性生产[①]的相关交易项目。

---

① 住户部门的生产包括市场性生产和非市场性生产，在现行 SNA 体系下，住户部门的市场性生产和部分非市场性生产被纳入到国民经济生产核算范围，未被纳入生产核算范围的住户生产在此文中被称为非 SNA 生产，即住户部门无偿服务生产。

账户Ⅵ.2　　　　　　　　　　住户部门卫星账户

	使用			交易与平衡项	资源			
	住户部门卫星账户	住户非市场性生产	调整项目	住户部门账户(SNA)		住户部门账户(SNA)	调整项目	住户非市场性生产	住户部门卫星账户
生产账户	947 1741 99 1642	303 1263 79 1184	-50 -97 -22 -75	694 575 42 533	总产出 中间消耗 增加值 固定资产消耗 净增加值	1269	-147	1566	2688
收入形成账户	1149 4 -3 492	1122 1 -2 63	-12 0 0 -63	39 3 -1 492	净增加值 雇员报酬 生产税 生产补贴 混合收入/营业盈余	533	-75	1184	1642
收入初次分配账户	41 2477		1100	41 1367	混合收入/营业盈余 雇员报酬 财产收入 原始收入净额	492 766 150	-63 -12	63 1122	492 1876 150
收入再次分配账户	570 2273		-1 1109	571 1164	原始收入净额 实物外经常转移 可支配收入净额	1367 368	1100 -2		2477 366
实物收入再分配账户	2501		1109	1392	可支配收入净额 实物社会转移 调整可支配收入净额	1164 228	1109		2273 228
可支配收入使用账户	2108 165		1093 16	1015 149	可支配收入净额 最终消费支出 净储蓄	1164	1109		2273
调整后可支配收入使用账户	2336 165		1093 16	1243 149	调整可支配收入净额 实际最终消费 净储蓄	1392	1109		2501

续表

	使用			交易与平衡项	资源		
	住户部门卫星账户	住户非市场性生产	调整项目	住户部门账户（SNA）		住户部门账户（SNA）	调整项目	住户非市场性生产	住户部门卫星账户
资本账户					净储蓄	149	16	165
					资本转移收入	23		23
					资本转移支出	−5		−5
	134	116	−43	61	固定资本形成总额			
	−99	−79	22	−42	固定资本消耗			
	2			2	存货变化			
	5			5	珍贵物品净获得			
	4			4	非金融资产净获得			
	137			137	净借出/净借入			

依据此处所构建的住户卫星账户，可以通过卫星账户中相关经济交易项目的数据来对如何由中心框架下住户部门的交易项目推导出卫星账户中住户部门相关交易项目进行验证。在生产活动阶段，住户部门生产活动的总产出为 2688（1269−147+1566），其中中心框架下住户部门生产活动的总产出为 1269，其住户非市场性生产的总产出为 147，两者的差额 1122（1269−147）即为住户市场性生产的总产出，住户非市场性生产总产出为 1566，数值 1419（1566−147）反映的是住户非 SNA 生产的总产出。住户部门生产的总增加值为 1741（1263−97+575），其中住户非市场性生产的增加值为 1263，中心框架下住户生产的增加值为 575，住户非 SNA 生产的增加值为 1166（1263−97），住户部门市场性生产的增加值为 478（575−97）。

在收入形成阶段，住户部门从自身及其他机构部门生产活动获得的雇员报酬为 1149（1122−12+39），其中中心框架体系下住户部门雇员报酬为 39，住户部门非 SNA 生产活动中雇员报酬（即劳动时间价值）为 1100（1122−12）。住户部门生产活动过程中向政府部门支付的生产税为 4（3+1），其中中心框架下住户部门支付的生产税为 3，而住户部门从事非 SNA 生产支付的生产税为 1，住户部门支付的非 SNA 生产的生产税在中心框架下是记录为住户部门的经常转移支出；住户生产活动获得的生产补贴为3（2+1），其中中心框架下住户部门获得的生产补贴为1，住户从事非SNA生产获得的生产补贴为2，此部分补贴在中心框架下是记录为住户部门的经常转移收入。

在收入再次分配阶段，住户部门获得的实物外经常转移收入为366（368-2），其中中心框架下住户部门获得的实物外经常转移收入为368，其中作为卫星账户下住户非SNA生产生产补贴的收入为2；住户部门支付的实物外经常转移收入为570（571-1），其中中心框架下住户部门支付的实物外经常转移收入为571，其中作为住户非SNA生产生产税的收入为1。

在可支配收入使用阶段，住户部门的最终消费支出为2108（2108=(1566-147)+[1015-(303-50)-(116-43)]），其中1419（1566-147）表示的是住户非SNA生产产出的价值，1015反映的是中心框架下住户部门的最终消费支出，而253（303-50）反映的是中心框架体系下住户部门最终消费的货物和服务用于住户非SNA生产的中间投入部门，73（116-43）反映的是中心框架体系下住户部门最终消费货物中用于住户非SNA生产固定资本形成的部分。可见，卫星账户体系下住户部门的最终消费等于中心框架下住户部门的最终消费减去其中用于住户非SNA生产的中间投入和固定资本形成部分，再加上住户部门非SNA生产的总产出。

在资本形成阶段，住户部门的固定资本形成总额为134（116-43+61），其中，中心框架下住户部门固定资本形成总额为61，住户非SNA生产的固定资本形成总额为73（116-43），该73在中心框架下是记录为住户部门的最终消费。

通过对住户卫星账户中不同经济交易项目数据之间逻辑关系的推演，不难验证本书所构建的住户部门卫星账户是科学的、可操作的。通过调整中心框架下住户部门相关经济交易项目，并结合住户非SNA生产对住户卫星账户中生产活动及其他经济活动的影响，形成住户部门卫星账户中不同经济活动阶段的交易项目，并最终构建出用于反映住户部门核算期内所有经济活动全貌的住户卫星账户。

生产活动是住户卫星账户形成的起点，住户卫星账户中的生产核算范围包含了住户部门的所有经济生产活动，既包括住户SNA生产活动，也包括住户非 SNA 生产活动。生产活动是一种投入产出的过程,从投入角度来看,住户部门生产活动过程中的中间消耗既来源于住户部门自身生产活动的产出,也包括来自于国民经济总体其他机构部门的产出和从国外部门进口的产出;从产出角度来看,住户部门生产的产出中既可能用于住户部门、政府部门和为住户部门服务的非营利机构部门(简记为 NPISHs)的最终消费,也可能用于固定资本形成和出口。可见,住户部门在整个生产活动过程中与其他机构部门和国外部门发生着千丝万缕的联系,而这些内在联系在上述卫星账户中并没有全面得到反映,为此本书此处拟构建出住户部门的生产投入产出矩阵来全面地反映住户在生产活动过程中与其他机构部门之间的内在经济交易,补充和完善住户卫星账户以满足不同研究问题的需要。

为了构建住户部门生产活动的投入产出矩阵,需要准确界定出住户部门生产活动的投入来源及其产出的使用去向。按照国民经济核算中投入产出矩阵构建的基本原则和方法,首先需要构建出国民经济总体产品的总供给表及其总使用表,其中产品的总供给表提供了不同产品的供给来源,产品的总使用表反映不同产品的使用用途,依据住户部门生产活动过程中投入的来源、产出的用途及其与其他机构部门之间的内在联系,最终可形成住户部门生产的投入产出矩阵。

表 6-2　　国民经济总体产品的总供给

主产品分类(CPC)	总供给	市场性生产	住户非市场性生产 SNA 生产	住户非市场性生产 非 SNA 生产	进口
农业、林业、渔业产品	128	82	9		37
矿石、矿物、电力、燃气和水	263	202	0		61
食品、饮料和烟酒	297	245	2		50
纺织品、服装和皮革品	113	93	0		20
金属制品、机械和设备外可运输货物	880	755	5		120
金属制品、机械及设备	870	777	0		93
建筑和施工服务	262	230	31		1
物流、交通及公用事业配送服务	216	161	0		55
住宿、食品和饮料供应服务	31	30	0		1
金融及相关服务、房地产服务、出租和租赁服务	300	201	95		4

续表

主产品分类（CPC）	总供给	市场性生产	住户非市场性生产 SNA 生产	非 SNA 生产	进口
商业和生产服务	290	281	0		9
社区、社会及个人服务	530	520	5		5
家政服务	13	13	0		0
居民直接从国外购买的产品	43				43
SNA 产品的总供给	4236	3590	147		499
提供住房服务	143			143	
提供食物	708			708	
提供衣物	321			321	
照料活动	230			230	
志愿活动	17			17	
非 SNA 产品的总供给	1419			1419	
产品的总供给	5655	3590	147	1419	499

为了构建出国民经济总体的总供给表和总使用表，本书将整个国民经济总体生产的产品分为 SNA 产品和非 SNA 产品，其中 SNA 产品指的是已被纳入到现行中心框架下生产核算范围的生产活动的产出，而非 SNA 产品则是指未被纳入到中心框架下生产核算范围的生产活动的产出（即住户非 SNA 生产的产出）。对于 SNA 产品，依据国际上通用的主产品分类方法（CPC），将 SNA 产品划分为 14 类产品，包括：农业、林业、渔业产品；矿石、矿物、电力、燃气和水；食品、饮料和烟酒；纺织品、服装和皮革品；金属制品、机械和设备外可运输货物；金属制品、机械及设备；建筑和施工服务；物流、交通及公用事业配送服务；住宿、食品和饮料供应服务；金融及相关服务、房地产服务、出租和租赁服务；商业和生产服务；社区、社会及个人服务；家政服务；居民直接从国外购买的产品。对于非 SNA 产品，按照产出的不同形式，划分为 5 类，包括：提供住房服务；提供食物；提供衣物；照料活动和志愿活动。对于产品总供给的来源，主要有两个来源：国内机构部门的生产和从国外部门的进口，按照市场性生产的标准，又可将国内机构部门的生产分为市场性生产和住户部门非市场性生产①，其中住户部门非市场性生产，依据是否被纳入到现行中心框架

---

① 一般而言，除住户部门外，其他机构部门从事的生产均为市场性生产。

体系生产核算范围又可再分为住户 SNA 生产和住户非 SNA 生产。

对于 SNA 产品，其总供给主要来源国民经济总体市场性生产和住户非市场性生产中的 SNA 生产以及从国外部门的出口；而对于非 SNA 产品，由于其主要是指住户部门非 SNA 生产的产出，于是其来源比较单一，只来源于住户部门的非 SNA 生产。根据上述的分类原则和基本思路，可以构建出国民经济总体产品的总供给表。从产品总供给表中，不仅可以知道 SNA 产品的总供给和非 SNA 产品的总供给，同时可以看出不同类型产品的来源构成，各自分别有多大比重来自于市场性生产、住户非市场性生产（SNA 生产和非 SNA 生产）和国外进口。从表中数据可以看出，产品的总供给为 5655，其中 SNA 产品的总供给为 4236，非 SNA 产品的总供给为 1419，SNA 产品的总供给中有 3590 来源于国民经济总体市场性生产，147 来源于住户非市场性生产中 SNA 生产，499 来源于从国外部门的进口。与 SNA 产品的来源结构不同，非 SNA 产品的总供给则仅仅来源于住户非 SNA 生产。

通过构建国民经济总体产品总供给表，可以全貌了解国民经济总体中不同类型产品的不同来源，为接下来如何构建总产品的使用表提供了前提和基础。为了分析总产品的不同使用用途，本书采用总产品供给表中产品的分类方法将 SNA 产品按照主产品分类方法划分为 14 类，将非 SNA 产品按照产出形态划分为 5 类。对于不同产品的使用用途，主要是依据现行中心框架体系下对于产品使用用途进行分类，主要包括中间消耗、最终消费、固定资本形成和出口四个用途。对于中间消耗部分，依据其所参与的生产活动是否为市场性生产活动，分为市场性生产的中间消耗和住户非市场性生产的中间消耗，住户非市场性生产的中间消耗又可再分为 SNA 生产和非 SNA 生产的中间消耗；对于最终消费部分，按照消费的主体不同分为住户部门的最终消费、政府部门和 NPISHs 的最终消费；对于固定资本形成部分，考虑到本书所研究的住户部门的生产活动包括住户非 SNA 生产活动，而住户部门所购买和使用的耐用消费品主要是用于住户非 SNA 生产活动，为此将固定资本形成分为 SNA 生产活动中的固定资本形成和作为非 SNA 生产固定资本形成的住户耐用消费品两类。

根据国民经济总体产品的总使用表，可以清晰地看出：非 SNA 产品的使用用途明显不同于 SNA 产品的使用用途，其使用去向比较单一，仅仅是用于住户部门的最终消费，这主要是由住户非 SNA 生产活动的特点

表6-3　　　　　　　　　　国民经济总体产品的使用

CPC	总使用	中间消耗（市场性生产）	中间消耗（住户非市场性生产）SNA生产	中间消耗（住户非市场性生产）非SNA生产	住户部门最终消费	政府部门和NPISHs最终消费	固定资本形成 SNA	固定资本形成 住户耐用消费品	出口
产品1	128	87	1	2	26	2	3	0	7
产品2	263	219	0	10	28	0	−1	0	7
产品3	297	50	10	144	72	1	0	0	20
产品4	113	19	5	13	66	1	1	0	10
产品5	880	798	10	28	28	1	0	4	10
产品6	870	93	7	8	135	0	175	69	382
产品7	262	40	0	3	0	0	213	0	6
产品8	216	118	0	9	32	0	0	0	57
产品9	31	21	0	0	10	0	0	0	0
产品10	300	43	10	23	212	0	10	0	2
产品11	290	249	7	0	15	0	13	0	6
产品12	530	96	0	0	51	379	0	0	4
产品13	13			13	0			0	
产品14	43				14				29
总使用(SNA)	4236	1833	50	253	689	384	414	73	540
产品15	143				143				
产品16	708				708				
产品17	321				321				
产品18	230				230				
产品19	17				17				
总使用(非SNA)	1419				1419				
总使用	5655	1833	50	253	2108	384	414	73	540

决定的，据前文所述，住户部门非SNA生产是一种完全自产自用的生产活动，其生产的服务产出完全是用于住户及其成员的最终消费。而SNA产品的使用用途则比较广泛，既用于不同类型生产活动的中间消耗，也用

于最终消费、固定资本形成和出口。从表6-3中数据可以看出，SNA产品中有1833是用于市场性生产活动的中间消耗，50是用于住户非市场性生产中SNA生产的中间消耗，253是用于住户非SNA生产，可见住户非SNA生产并非完全自成一体的活动，生产活动过程与其他机构部门紧密联系；对于最终消费，SNA产品中有689是用于住户部门的最终消费，384是用于政府部门和NPISHs的最终消费；对于固定资本形成，SNA产品中用于SNA生产的固定资本形成价值为414，而用于住户非SNA生产的固定资本形成价值为73。①

根据总产品的总供给表和总使用表，可以看出国民经济产品的总供给中有多少来自住户部门的非市场性生产，产品的总使用中有多少是用于住户部门生产活动中的中间消耗，清晰地反映了住户部门生产活动过程与其他机构部门之间的内在经济联系。根据前文所构建的住户卫星账户、产品总供给表和产品总使用表，借鉴国民经济核算中投入产出矩阵构建的基本范式，本书构建出住户部门生产投入产出矩阵，以反映住户生产活动过程中与国民经济总体中其他机构部门之间的经济联系。（如表6-4所示）

表6-4　　　　　　　　　住户生产投入产出矩阵

投入\产出	中间使用 市场性生产	住户非市场性生产 非SNA	住户非市场性生产 SNA	最终使用 最终消费 住户部门	最终消费 政府部门	固定资本形成 SNA	固定资本形成 住户耐用消费品	净出口	总产出
产出1	87	2	1	26	2	3	0	-30	91
产出2	219	10	0	28	0	1	0	-56	202
产出3	50	144	10	72	1	0	0	-30	247
产出4	19	13	5	66	1	1	0	-12	93
产出5	798	28	10	28	1	0	4	-109	760
产出6	93	8	7	135	0	175	69	290	777
产出7	40	3	0	0	0	213	0	5	261

---

① 在现行中心框架体系下，住户部门所购买的耐用消费品的价值是作为住户部门收入使用阶段的最终消费进行核算并记录的。但在住户卫星账户体系下，由于住户部门所拥有的耐用消费品主要是用于住户非SNA生产，为此，本书将住户部门所购买的耐用消费品记录为住户部门的固定资本形成。

续表

产出 \ 投入	中间使用 市场性生产	中间使用 住户非市场性生产 非SNA	中间使用 住户非市场性生产 SNA	最终使用 最终消费 住户部门	最终使用 最终消费 政府部门	最终使用 固定资本形成 SNA	最终使用 固定资本形成 住户耐用消费品	净出口	总产出
产出 8	118	9	0	32	0	0	0	2	161
产出 9	21	0	0	10	0	0	0	-1	30
产出 10	43	23	10	212	0	10	0	-2	296
产出 11	249	0	7	15	0	13	0	-3	281
产出 12	96	0	0	51	379	0	0	-1	525
产出 13		13							13
产出 14				14				-14	0
产出 15				143					143
产出 16				708					708
产出 17				321					321
产出 18				230					230
产出 19				17					17
总中间投入	1833	253	50						
固定资本消耗	545	57	22						
雇员报酬	798	1110	12						
生产税净额	130	-1	0						
混合收入	284	0	63						
增加值	1624	1166	97						
总投入	3590	1419	147						

注：限于篇幅，表中并未列出产出部门的名称，而以产出 1，……产出 19 来替代，分别表示：1. 农业、林业、渔业产品；2. 矿石、矿物、电力、燃气和水；3. 食品、饮料和烟酒；4. 纺织品、服装和皮革品；5. 金属制品、机械和设备外可运输货物；6. 金属制品、机械及设备；7. 建筑和施工服务；8. 物流、交通及公用事业配送服务；9. 住宿、食品和饮料供应服务；10. 金融及相关服务、房地产服务、出租和租赁服务；11. 商业和生产服务；12. 社区、社会及个人服务；13. 家政服务；14. 居民直接从国外购买的产品；15. 住房服务；16. 提供食品服务；17. 提供衣着服务；18. 照料服务；19. 志愿服务。

从表 6-4 中数据可以看出，现行中心框架下的国内生产总值（GDP）为 1721（1624+97），其中 1624 为核算期内所有市场性生产活动创造的增加值，97 为住户非市场性生产中 SNA 生产活动的增加值；住户部门非 SNA 生产的增加值为 1166，占 GDP 的比重约 68（1166/1721），而在现行中心框架体系下，此部分的生产并没有纳入到现行生产核算范围中。[①] 从产品的使用去向来看，与住户非市场性生产中 SNA 生产相比，住户非 SNA 生产过程中消耗了更多的来源于 SNA 产品的中间消耗，而此部分的中间消耗在现行中心框架下是作为住户部门的最终消费来核算和记录的；从消费的主体和规模来看，住户部门是最终消费的主要承担者；从增加值的构成来看，雇员报酬（劳动时间价值）是住户非 SNA 生产增加值的主要组成部分，可见住户成员在从事非 SNA 生产过程中所花费的劳动时间是住户非 SNA 生产过程的主要投入要素。

[①] 如果现行国民经济核算采用的是全面生产观，生产核算范围包括核算期内国民经济总体所有的经济生产活动，则真实的国内生产总值应该等于 2887（1624 + 97 + 1166）。

参考文献

一　中文图书文献

[1] 联合国等编，国家统计局国民经济核算司译：《国民经济核算体系》，中国统计出版社 1995 年版。

[2] 联合国经济和社会事务部统计司：《编制时间使用统计指南：计量有酬和无酬工作》，联合国出版社 2007 年版。

[3] 国际货币基金组织：《国际收支手册》，中国金融出版社 1995 年版。

[4] 国家统计局国民经济核算司：《中国年度国内生产总值计算方法》，中国统计出版社 1997 年版。

[5] 国家统计局国民经济核算司：《中国地区投入产出表》，中国统计出版社 2008 年版。

[6] 国家统计局国民经济核算司：《中国国民经济循环账户实施指南》，中国统计出版社 1996 年版。

[7] 国家统计局国民经济核算司：《国民资产负债核算理论与方法》，中国统计出版社 1996 年版。

[8] 国家统计局国民经济核算司：《中国国民经济核算知识问答》，中国统计出版社 2008 年版。

[9] 国家统计局社科司编：《2008 年时间利用调查资料汇编》，中国统计出版社 2009 年版。

[10] 国家统计局社会和科技统计司：《中国人的生活时间分配：2008 年时间利用调查数据摘要》，中国统计出版社 2009 年版。

[11] [澳] P. H. 卡梅尔、M. 波拉赛克：《应用经济统计学》，崔书香、潘省初译，中国统计出版社 1988 年版。

[12] [美] 沃西里·里昂惕夫：《投入产出经济学》，商务印书馆 2009 年版。

[13] 吴增基、吴鹏森等：《现代社会调查方法》，上海人民出版社 2009

年版。
- [14]［美］L. 基什：《抽样调查》，中国统计出版社 1997 年版。
- [15]［美］罗纳德·扎加、约翰尼·布莱尔：《抽样调查设计导论》，重庆大学出版社 2007 年版。
- [16]［美］格雷厄姆·卡尔顿：《抽样调查导论》，中国统计出版社 2008 年版。
- [17] 陈锡康：《农业投入产出技术与模型》，山东科学技术出版社 1997 年版。
- [18] 高敏雪：《美国国民核算体系及其卫星账户应用》，经济科学出版社 2001 年版。
- [19] 李金华：《中国可持续发展核算体系（SSDA）》，社会科学文献出版社 2000 年版。
- [20] 李金华、赵乐东：《社会统计学》，中国统计出版社 1994 年版。
- [21] 卢淑华：《社会统计学》，北京大学出版社 2009 年版。
- [22] 李心愉：《应用经济统计学》，北京大学出版社 1999 年版。
- [23] 钱伯海：《国民经济综合平衡统计学》，武汉大学出版社 1990 年版。
- [24] 钱伯海：《国民经济统计学（国民经济核算原理）》，中国统计出版社 2000 年版。
- [25] 邱东、蒋萍等：《国民经济核算》，经济科学出版社 2002 年版。
- [26] 邱东、蒋萍等：《国民经济统计前沿问题》，中国统计出版社 2008 年版。
- [27] 石红梅：《已婚女性的时间配置研究》，厦门大学出版社 2007 年版。
- [28] 王琪延：《中国人的生活时间分配》，经济科学出版社 2000 年版。
- [29] 许宪春：《经济循环账户的基本理论与方法》，中国统计出版社 1993 年版。
- [30] 许宪春：《中国国内生产总值核算》，北京大学出版社 2000 年版。
- [31] 许宪春：《中国国民经济核算与统计问题研究》，北京大学出版社 2010 年版。
- [32] 颜日初、徐唐先：《国民经济统计学》，中国财政经济出版社 1999 年版。
- [33] 袁寿庄等：《国民经济核算原理》，中国人民大学出版社 1996 年版。
- [34] 杨灿：《宏观经济核算论》，中国统计出版社 1996 年版。

[35] 杨廷干等：《国民经济核算理论、方法及应用》，经济管理出版社 1998 年版。
[36] 郑菊生、卞祖武：《国民经济核算体系原理》，上海财经大学出版社 2000 年版。

二　中文期刊文献

[37] 高敏雪：《有多少 GDP 是在家庭生产的?》，《中国统计》2007 年第 5 期。
[38] 谷彬：《多视角下无偿服务核算必要性研究》，《统计研究》2007 年第 5 期。
[39] 胡学锋：《对 NOE 测算及 GDP 调整的思考》，《统计研究》2001 年第 5 期。
[40] 韩中：《住户无偿服务核算：主体、范围界定与方法》，《山西财经大学学报》2009 年第 11 期。
[41] 韩中：《中国住户部门综合经济账户的构建与理论阐述》，《财贸研究》2010 年第 3 期。
[42] 蒋萍：《核算制度缺陷与经济总量漏算》，《经济科学》2004 年第 2 期。
[43] 蒋萍：《也谈非正规就业》，《统计研究》2005 年第 6 期。
[44] 蒋萍：《非法生产与 GDP》，《经济科学》2006 年第 6 期。
[45] 李金华：《中国住户生产核算的范式设计与理论阐述》，《统计研究》2008 年第 6 期。
[46] 李金华：《未观测经济测定与核算理论的一个新范式》，《数量经济技术经济研究》2009 年第 8 期。
[47] 李金华：《中国国民经济核算体系的扩展与延伸——来自联合国三大核算体系比较研究的启示》，《经济研究》2008 年第 3 期。
[48] 李金华：《中国环境经济核算体系范式的设计与阐释》，《中国社会科学》2009 年第 1 期。
[49] 李宝瑜：《由 SARS 引发的对非市场教育服务产出核算的思考》，《统计研究》2003 年第 10 期。
[50] 李松林、田新茹：《不可观测经济对 GDP 核算的影响》，《内蒙古统计》2001 年第 6 期。
[51] 刘丹丹：《住户无酬工作核算：概念、估价方法及卫星账户构建》，

《统计与信息论坛》2007年第7期。

[52] 罗乐勤：《住户无付酬服务核算若干问题研究》，《统计研究》2008年第6期。

[53] 罗磊：《中国地下经济规模基本估计和实证分析》，《经济科学》2005年第3期。

[54] 李海东：《论市场原则在确定生产范围中的作用》，《浙江统计》2002年第6期。

[55] 林玉伦：《中国住户生产核算相关问题研究》，《统计研究》2009年第6期。

[56] 刘洪、夏帆：《我国非正规经济规模的定量估测——现金比率法的修正及实证分析》，《统计研究》2003年第10期。

[57] 孙秋碧：《论国民经济核算的机构部门分类》，《经济评论》2001年第3期。

[58] 王雅林：《城市妇女双重角色地位的变迁与家庭》，《天津社会科学》1990年第5期。

[59] 王琪延：《北京市居民生活时间分配研究》，《管理世界》1997年第4期。

[60] 王琪延：《建立生活时间分配统计学之构想》，《统计与决策》2000年第2期。

[61] 吴涧生、左颖：《关于中国开展非正规部门核算的几个问题》，《统计研究》2001年第5期。

[62] 肖文、李黎：《地下经济：原因、影响及规模估计方法》，《世界经济与政治》2001年第3期。

[63] 许宪春：《我国国民经济核算面临的问题及改革的方向》，《统计研究》2002年第4期。

[64] 许宪春：《中国服务业核算及其存在的问题研究》，《经济研究》2004年第3期。

[65] 许宪春：《中国国民经济核算体系的建立、改革和发展》，《中国社会科学》2009年第6期。

[66] 许宪春：《关于与GDP核算有关的若干统计问题》，《财贸经济》2009年第6期。

[67] 杨灿：《SNA框架内的GDP和EDP核算疑难问题辨析》，《统计研

究》2004 年第 7 期。

[68] 杨灿:《关于总产出核算方法及其理论规范的探讨》,《统计研究》2006 年第 2 期。

[69] 杨缅昆:《国民福利:核算理论和方法》,《统计研究》2006 年第 5 期。

[70] 杨仲山、何强:《国民经济核算体系(1993SNA)的修订、影响及启示》,《统计研究》2008 年第 9 期。

[71] 叶世芬:《如何开展对非正规部门的统计——介绍国际劳工组织的有关决议》,《统计研究》2001 年第 3 期。

[72] 曾五一:《无偿服务核算研究》,《统计研究》2005 年第 6 期。

[73] 曾五一:《中国国民经济核算研究 30 年回顾》,《统计研究》2010 年第 1 期。

[74] 朱琴华:《农村 GDP 核算问题探讨》,《统计研究》2001 年第 1 期。

三 英文图书文献

[75] Commission of the European Communities, International Monetary Fund, Organization for Economic Cooperation and Development.

[76] United Nations, World Bank, System of National Accounts 2008, New York: United Nations Press.

[77] United Nations (2000), Household Accounting: Experience in Concepts and Compilation, Volume 1, Household Sector Accounts, New York: United Nations Press.

[78] United Nations (2000), Household Accounting: Experience in Concepts and Compilation, Volume 2, Household Satellite Extensions, New York: United Nations Press.

[79] OECD (2000), Household production in OECD Countries: Data Sources and Measurement Methods.

[80] OECD (2002), Measuring the Non-Observed Economy, A Handbook.

[81] Sue Holloway, Sarah Tamplin (2002), Household Satellite Account (Experimental) Methodology.

[82] Archambault, E. (1997), The Non-profit Sector in France, Manchester: ManchesterUniversity Press.

[83] Basque Statistics Office (2004), Household Production Satellite Account

for the Autonomous Community of the Basque Country, Basque Statistics Office Report.
[84] Eisner, Robert (1989), The Total Income System of Accounts, The University of Chicago Press, Chicago and London.
[85] Edward P. Lazear and Robert T. Michael (1988), Allocation of Income Within the Household, the University of Chicago Press.
[86] Joan Smith, Immanuel Wallerstein (1984), Hans – Dieter Evers, Household and the World Economy, California: SAGE Publications, Inc.
[87] Kendrick, John W. (1996), The New System of National Accounts, Boston: Kluwer Academic Publishers.
[88] Moon, M. and E. Smolensky (1977), Improving Measures of Economic Well – Being, New York: Academic Press.
[89] Peter Kooreman and Sophia Wunder (1997), The Economics of Household Behavior, ST. Martin's Press, Inc.

四 英文期刊文献

[90] Ann Chadeau (1992), What is Households' Non – Market Production Worth? *OECD Economics Studies*, No. 18, Spring.
[91] Aslaksen, Ironmonger, D. and Gravingsmyhr, H. A. (1995), Measuring Household Production in an Input – Output Framework, *The Norwegian Experience Paper to the Conference of European Statisticians Joint ECE/INSTRAW Work Session on Statistics of Women*, Geneva, 6 – 8 March.
[92] Australian Bureau of Statistics (1994a), How Australians Use Their Time, *Revised Publication*, Canberra: Australian Bureau of Statistics.
[93] Australian Bureau of Statistics (1994b), Unpaid Work and the Australian Economy 1992, *Canberra: Australian Bureau of Statistics*.
[94] Australian Bureau of Statistics (1990), Measuring Unpaid Household Work: Issues and Experimental Estimates, *Information Paper*, Catalogue No. 5236.0 (February).
[95] Aldershoff, D. (1983), Household Production in Different Household Types, *Paper presented at the Conference on the Economics of the Shadow Economy*, University of Bielefeld, Germany (October).

[96] Ann Chadeau, Caroline Roy (1986), Relating Households' Final Consumption to Household Activities: Substitutability or Complementarity between Market and Non-market Production, *Review of Income and Wealth*, Vol. 32 (4), pp. 387-407.

[97] Bonke, Jens (1993), Household Production and National Accounts, *Discussion Papers* 93-07, Institute of Economics, University of Copenhagen.

[98] Becker, Bernd (1998), Problems in Comparing Informal Sector Data, *Working Paper*, Presented to the Joint Meeting of the American Economic Association and the Society for Policy Modeling, Chicago, 3-6 January.

[99] Chadeau, Ann (1985), Measuring Household Activities: Some International Comparisons, *Review of Income and Wealth*, Vol. 31, pp. 237-54.

[100] Charles C. Fischer (1994), The Valuation of Household Production: Divorce, Wrongful Injury and Death Litigation, *American Journal of Economics and Sociology*, Vol. 53 (2), pp. 187-201.

[101] Charmes, Jacques (1997), Progress in Measurement of Informal Sector: Employment and Share of GDP, *Paper prepared for the UNSD Expert Group Meeting on Household Satellite Accounting*, New York, 6-10 October.

[102] Daniel L. Millimet (2000), The Impact of Children on Wages, Job Tenure, and the Division of Household Labour, *Economic Journal*, Vol. 110 (462), pp. 139-157.

[103] Duncan Ironmonger (2003), There are Only 24 Hours in a Day! Solving the Problematic of Simultaneous Time, *Research Paper for the 25th IATUR Conference on Time Use Research* 17-19 September, Brussels.

[104] Duncan Ironmonger (2006), A System of Time Accounts for Melbourne, *A Report Commissioned by The Department of Infrastructure Victoria*, Australia, 01-60.

[105] Duncan Ironmonger (1996), Counting Outputs, Capital Inputs and Caring Labor: Estimating Gross Household Product, *Feminist Economics*, Vol. 2 (3), pp. 37-64.

[106] Dieter Schafer and Carsten Stahmer (1990), Conceptual Consideration

on Satellite Systems, *Review of Income and Wealth*, Vol. 36 (2), pp. 167 – 176.

[107] Ruggles R. and Ruggles N. (1975), The Role of Microdata in the National Economic and Social Accounts, *Review of Income and Wealth*, Vol. 21 (2), pp. 203 – 16.

[108] Donath S. and Ironmonger D. (1995), A Glimpse at Older Households: How Older Households Use and Value Time – Report of a Pilot Survey Using Random Time Sampling, *Melbourne: University of Melbourne*, Households Research Unit.

[109] Douthitt, R and Ironmonger D. (1996, forthcoming), Household Input – Output Tables for the United States and Australia: Estimates and Comparisons, *Research Paper*, Department of Economics, University of Melbourne.

[110] Euston Quah (1986), Persistent Problems in Measuring Household Production: Definition, Quantifying Joint Activities and Valuation Issues Are Solvable, *American Journal of Economics and Sociology*, Vol. 45 (2), pp. 235 – 245.

[111] Ellen R. Mcgrattan, Richard Rogerson, Randall Wright (1997), An Equilibrium Model of the Business Cycle with Household Production and Fiscal Policy, *International Economic Review*, Vol. 38 (2), pp. 267 – 290.

[112] Edward B. Bell, Allan J. Taub (1982), The Value of Household Services, *American Journal of Economics and Sociology*, Vol. 41 (2), pp. 214 – 18.

[113] Faye Soupourmas and Duncan Ironmonger (2002), Calculating Australia's Gross Household Product: Measuring the Economic Value of the Household Economy 1970 – 2000, Department of Economics Research Paper No. 833, The University of Melbourne.

[114] Fare R., Grosskopf S., Norris M., and Zhang Z. (1994), Productivity Growth, Technical Progress, and Efficiency Change in Industrialized Countries, *American Economic Review*, 84, pp. 66 – 83.

[115] Fare R., Grosskopf S., and Norris M. (1997), Productivity Growth,

Technical Progress, and Efficiency Change in Industrialized Countries: Reply, *American Economic Review*, 87, pp. 1040 – 1043.

[116] Farrell M. J. (1957), The Measurement of Production Efficiency, *Journal of the Royal Statistical Society*, 120, pp. 253 – 281.

[117] Floro, Maria (1995), Women's Well – being, Poverty, and Work Intensity, *Feminist Economics*, Vol. 1 (3), pp. 1 – 25.

[118] Folbre, Nancy (1995), Holding hands at Midnight: the Paradox of Caring Labor, *Feminist Economics*, Vol. 1 (1), pp. 73 – 92.

[119] Fitzgerald, John and John Wicks (1990), Measuring the Value of Household Output: a Comparison of Direct and Indirect Approaches, *Review of Income and Wealth*, Vol. 36 (2), pp. 129 – 141.

[120] Fischer, ChaHes C. (1987), Forensic Economics and the Wrongful Death of a Household Producer: Current Practice, Methodological Biases and Alternative Solutions of Losses, *American Journal of Economics and Sociology*, Vol. 46 (2), pp. 220 – 228.

[121] Gordon E. Bivens, Carol B. Volker (1986), a Value – Added Approach to Household Production: The Special Case of Meal Preparation, *Journal of Consumer Research*, Vol. 13, pp. 272 – 279.

[122] Goldschmidt – Clermont, L. (1990), Economic Measurement of Non – market Household Activities: Is It Useful and Feasible? *International Labor Review*, Vol. 129 (3), pp. 279 – 299.

[123] Goldfinger, C. (1997), Intangible Economy and its Implications for Statistics and Statisticians, *International Statistical Review*, Vol. 65 (2), pp. 191 – 220.

[124] Goldschmidt – Clermont, L. and E. Pagnossin – Aligisakis (1995), Measures of Unrecorded Economic Activities in Fourteen Countries, *Human Development Report Office*, UNDP, New York: USA.

[125] Harvey S. Rosen (1974), The Monetary Value of a Housewife: A Replacement Cost Approach, *American Journal of Economics and Sociology*, Vol. 33 (1), pp. 65 – 73.

[126] Ironmonger, D. (1996), Time – use and Satellite Accounts for Modeling the Household Economy, *Paper Prepared for the 24th General Con-*

ference of the IARIW, Lillehammer, Norway.

[127] Janet C. Hunt, B. F. Kiker (1979), Valuation of Household Services: Methodology and Estimation, *Journal of Risk and Insurance*, Vol. 46 (4), pp. 697 – 706.

[128] John Devereux, Luis Locay (1992), Specialization, Household Production, and the Measurement of Economic Growth, *American Economic Review*, Vol. 82 (2), pp. 399 – 403.

[129] John M. Fitgerald, Matthew S. Matthew, John H. Wicks (1996), Valuation of Household Production at Market Prices and Estimation of Production Functions, *Review of Income and Wealth*, Vol. 42 (2), pp. 165 – 180.

[130] Jackson, C. (1996), Nation Studies of the Value of Unpaid Work: A Comparison of Methods, *Paper Prepared for the 24 th General Conference of the IARIW*, Lillehammer, Norway.

[131] John Bonqaarts (2001), Household Size and Composition in the Developing Word in the 1990s, *Population Studies*, Vol. 55 (3), pp. 263 – 279.

[132] Juster, T. and Stafford, F. (1991), The Allocation of Time: Empirical Findings, Behavioral Models, and Problems of Measurement, *Journal of Economic Literature*, Vol. 29 (2), pp. 471 – 522.

[133] Katz, A. J. (1983), Valuing the Services of Consumer Durables, *Review of Income and Wealth*, Vol. 29 (4), pp. 405 – 427.

[134] Katz, A. J. and Peskin, J. (1980), The Value of Services Provided by the Stock of Consumer Durables, 1947 – 77: An Opportunity Cost Measure, *Survey of Current Business*, Vol. 60 (7), pp. 22 – 31.

[135] Luisella Goldschmidt – Clermont (1993), Monetary Valuation of Non – Market Productive Time Methodology Considerations, *Review of Income and Wealth*, Vol. 39 (4), pp. 419 – 433.

[136] Lemaire, M. (1987), Satellite Accounting: A Relevant Framework for Analysis in Social Fields, *Review of Income and Wealth*, Vol. 33 (3), pp. 305 – 325.

[137] Lutzel, H. (1989), Household Production and National Accounts,

Statistical Journal of the United Nations, EC6: 337 – 348.

[138] Larimore, L. Keith (1991), Evaluating Household Services and other Non – market Production, *Journal of Legal Economics*, Vol. 1 (1), pp. 63 – 65.

[139] Leonesio, Michael V (1988), A Simple Econometric Procedure for Valuing a Housewife's Time, *Midwest Journal of Business and Economics*, Vol. 1 (2), pp. 1 – 10.

[140] Maryvonne Lemaire (1987), Satellite Accounts: A Relevant Framework for Analysis in Social Fields, *Review of Income and Wealth*, Vol. 33 (3), pp. 305 – 25.

[141] Michael Bittman (1990), Division of Labor in the Household, *Research Discussion Paper*, No. 11, 01 – 23.

[142] Martin Murphy (1976), The Value of Time Spent in Home Production, *American Journal of Economics and Sociology*, Vol. 35 (2), pp. 191 – 197.

[143] Martin Murphy (1978), The Value of Non – market Household Production: Opportunity Cost Versus Market Cost Estimates, *Review of Income and Wealth*, Vol. 24 (3), pp. 243 – 255.

[144] Miller, S. M., Upadhyay, M. P. (2002), Total Factor Productivity and the Manufacturing Sectors in Industrialized and Developing Countries, *Energy Policy*, 29, pp. 769 – 775.

[145] Murphy, M. (1982), Comparative Estimates of the Value of Household Work in the United States for 1976, *Review of Income and Wealth*, Vol. 28 (1), pp. 29 – 43.

[146] Nancy Folbre, Barnet Wagman (1993), Counting Housework: New Estimates of Real Product in the United States, 1800 – 1860, *The Journal of Economic History*, Vol. 53 (2), pp. 275 – 278.

[147] Oli Hawrylyshyn (1976), The Value of Household Services: A Survey of Empirical Estimates, *Review of Income and Wealth*, Vol. 22 (2), pp. 101 – 131.

[148] Philippe Pommier (1981), Social Expenditure: Socialization of Expenditure? The French Experience of Satellite Accounts, *Review of In-*

come and Wealth, Vol. 27 (4), pp. 373 – 386.

[149] Pyatt, G. (1990), Accounting for Time Use, *Review of Income and Wealth*, Vol. 36, pp. 33 – 52.

[150] Pyatt, G. (1991), SAMs, the SNA and national accounting capabilities, *Review of Income and Wealth*, Vol. 37 (2), pp. 177 – 198.

[151] Robert T. Michael (1973), Education in Non – Market Production, *The Journal of Political Economy*, Vol. 81 (2), pp. 306 – 27.

[152] Reuben Gronau (1980), Home Production – A Forgotten Industry, *The Review of Economics and Statistics*, Vol. 62 (3), pp. 408 – 416.

[153] Rydenstam, K. and Wadeskog, A. (1995), A Statistical System for Household Production and Consumption, *Paper to the Conference of European Statisticians Joint ECE/INSTRAW Work Session on Statistics of Women*, Geneva, 6 – 8 March.

[154] Reuben Gronau (1977), Leisure, Home Production, and Work – the Theory of the Allocation of Time Revisited, *The Journal of Political Economy*, Vol. 85 (6), pp. 1099 – 1123.

[155] Ray S. C., and Desli E. (1997), Productivity Growth, Technical Progress, and Efficiency Change in Industrialized Countries: Comment, *American Economic Review*, 87, pp. 1033 – 1039.

[156] Rudney, G., and P. Young (1989), The Non – profit Sector of the US Economy: A Methodological Statement, *Review of Income and Wealth*, Vol. 33 (1), pp. 56 – 80.

[157] Ruggles, Richard and Nancy Ruggles (1986), The Integration of Macro and Micro for the Household Sector, *Review of Income and Wealth*, Vol. 32 (3), pp. 245 – 276.

[158] Rormose – Jensen, P. (1996), A Welfare Indicator for Denmark Including Household Work and Leisure, *Paper Prepared for the 24 th General Conference of the IARIW*, Lillehammer, Norway.

[159] Robyn Eversole (2002), Balancing Act: Business and Household in a SmallBolivianCity, Development in Practice, Vol. 12 (5), pp. 589 – 601.

[160] Ruuskanen, O – P. (1995), Options for Building a Satellite Account

for the Measurement of Household Production, *Working Papers* No. 7, Helsinki: Statistics Finland.

[161] Rydenstam, K. and Wadeskog, A. (1995), A Statistical System for Household Production and Consumption, *Paper to the Conference of European Statisticians Joint ECE/INSTRAW Work Session on Statistics of Women*, Geneva, 6–8 March 1995.

[162] Schettkat, R. (1985), The Size of Household Production: Methodological Problems of Estimates for the Federal Republic of Germany in the Period 1964 to 1980, *Review of Income and Wealth*, Vol. 31 (2), pp. 309–321.

[163] Susan E. Short, Zhai Fengying (1996), Household Production and Household Structure in the Context of China's Economic Reforms, *Social Forces*, Vol. 75 (2), pp. 691–716.

[164] Schafer, D. (1992), Concepts and Plans for a Satellite System on Household Production in Germany, *paper presented to the International Association for Research in Income and Wealth*, 22nd General Conference, Flims, Switzerland, September.

[165] Schafer, D. and Schwarz, N. (1994), Time Use Data and Satellite System on Household Production: Methodological Aspects and Experience in Germany, *paper presented to the International Association for Time Use Research*, XIII World Congress, Biefeld, Germany, June.

[166] T. P. Hill (1977), Do it Yourself and GDP, *Working Paper*, Presented at the 15 th General Conference of the International Association for Research in Income and Wealth, University of York.

[167] Thoen, M. (1993), The Value of Household Production in Canada 1981, 1986, *Discussion Paper*, Ottawa: Statistics Canada.

[168] Uzear, E. and R. Michael (1990), Family Size and the Distribution of Real Per Capita Income, *American Economic Review*, Vol. 70 (1), pp. 91–107.

[169] Vihavainen, M. (1995), Calculating the Value of Household Production in Finland in 1990: The Input–Output Table, *Working Papers* No. 6, Helsinki: Statistics Finland.

[170] W. Keith Bryant and Cathleen D. Zick (1985), Income Distribution Implications of Rural Household Production, *American Journal of Agricultural Economics*, Dec85, pp. 1100 – 1104.

[171] Weinrobe, M. (1974), Household Production and National Production, and Improvement of the Record, *Review of Income and Wealth*, Vol. 20 (1), pp. 89 – 102.

[172] Wilson L. Farman (1953), Social Accounting in Subsistence and Family – Production Type Economies, The Accounting Review, Vol. 28 (3), pp. 392 – 400.